Rolf Wilhelm Brednich

Die Hutterer

HERDER / SPEKTRUM

Band 4676

Das Buch

Im mittleren Westen der nordamerikanischen Prärien leben heute in über 380 Bruderhöfen die Nachkommen jener oberdeutschen Täufergemeinden, die im Reformationszeitalter den Weg einer radikalen Erneuerung der christlichen Kirche eingeschlagen hatten. Sie wurden von beiden christlichen Bekenntnissen verfolgt und hingerichtet, die Überlebenden flohen nach Osteuropa, von wo aus sie im 19. Jahrhundert nach Nordamerika gelangten. Ihr Gemeinschaftsleben ist bis zum heutigen Tag nach den biblischen Prinzipien ihrer Gründungsväter aus dem 16. Jahrhundert ausgerichtet. Die Hutterer verweigern als Pazifisten den Militärdienst, sie schwören keine Eide und verzichten auf persönliches Eigentum. Sie nennen sich nach einem ihrer Väter, dem Südtiroler Jakob Hutter, und sprechen bis heute ein altertümliches Oberdeutsch. Der Autor, Professor der Volkskunde, beschreibt in diesem Buch das Gemeinschaftsleben der Hutterer, wie er es selbst während eines Aufenthalts von mehr als zwölf Monaten auf einem hutterischen Bruderhof erlebt hat. Er geht ein auf die historischen Traditionen, Siedlungsformen und Lebensgrundlagen, das Familienleben, die Kindererziehung und die Freizeitgestaltung. Im Mittelpunkt steht die Darstellung des religiösen Lebens, das bis heute in jede Verrichtung hinein das Denken und Handeln der Hutterer bestimmt. Brednich bezieht mündliche und schriftliche Sprachzeugnisse ein, darunter auch Lieder und erstmals vom Autor aufgezeichnete Märchen und Sagen. Ein faszinierendes Sachbuch, das uns vertraut macht mit einem Stück alternativer deutschsprachiger Kultur in Nordamerika und einem anachronistisch anmutenden christlichen Gesellschaftsentwurf, der seit 450 Jahren Bestand hat.

Der Autor

Prof. Dr. phil. habil. Rolf Wilhelm Brednich, geb. 1935 in Worms. 1963–1980 wissenschaftlicher Mitarbeiter, zuletzt Hauptkonservator am Deutschen Volksliedarchiv in Freiburg. Seit 1981 Professor für Volkskunde an der Georg-August-Universität Göttingen. Wiederholte Aufenthalte bei den Hutterern und Mennoniten. Seit 1982 Hauptherausgeber der „Enzyklopädie des Märchens" und Mitherausgeber der Zeitschrift „Fabula". Zahlreiche Forschungsprojekte, Schwerpunkte: Erzählforschung, Lied- und Balladenforschung, Brauchforschung, Flugblatt- und Bildforschung, Medienforschung, Auswanderungsforschung und deutsche Volksgruppen im Ausland.

Rolf Wilhelm Brednich

Die Hutterer

Eine alternative Kultur in der modernen Welt

Herder
Freiburg · Basel · Wien

Zum Umschlagfoto:
Der Autor im Kreise von Schulkindern
der Riverview Colony bei Saskatoon,
Saskatchewan, Kanada.
Foto einer amerikanischen Touristin, September 1982.

Gedruckt auf umweltfreundlichem,
chlorfrei gebleichtem Papier

Originalausgabe

Herstellung: Freiburger Graphische Betriebe 1998
Umschlaggestaltung: Joseph Pölzelbauer
Umschlagfoto: © Rolf Wilhelm Brednich
ISBN 3-451-04676-8

Inhalt

Vorwort

Die vorliegende Publikation geht auf ein Forschungsprojekt zurück, welches der Autor in den Jahren 1975 bis 1982 – teilweise mit Unterstützung der kanadischen Bundesregierung – durchgeführt hat. Es hatte die volkskundliche Erforschung deutschsprachiger Bevölkerungsgruppen in der kanadischen Prärieprovinz Saskatchewan zum Ziel. Die Kanadadeutschen stehen in der Bevölkerungsstatistik des Landes an zweiter Stelle, hatten aber bis dahin in der Forschung kaum Beachtung gefunden. Die erste Untersuchungsphase galt den rußlanddeutschen Mennoniten im Saskatchewan Valley, bevor das Projekt auf die ebenfalls dort siedelnden Hutterer ausgedehnt wurde. Der Autor hat insgesamt ein Jahr auf einem Bruderhof der hutterischen Brüder zugebracht und war auch auf verschiedenen anderen Höfen dieser Bevölkerungsgruppe zu Gast. Für das Forschungsprojekt wurden unter den drei existenten hutterischen Gruppen die als besonders konservativ und prinzipientreu geltenden Dariusleut ausgewählt.

Das Buch faßt die Erfahrungen und Erlebnisse während dreier Forschungsaufenthalte zusammen. Es enthält außerdem in drei einleitenden Kapiteln einen geschichtlichen Rückblick auf die europäischen Wurzeln des Täufertums, die Migrationsbewegungen der Hutterer im europäischen Osten und ihren Weg in die Neue Welt. Die beigegebenen Fotografien sind vorwiegend beim letzten Forschungsaufenthalt des Verfassers im Jahr 1982 entstanden.

Der Dank des Autors gilt vor allem den Mitgliedern der Bruderhöfe Riverview, Hillcrest und Leask für ihre großzügige Gastfreundschaft und Unterstützung. Ich widme es dem Prediger Michael Stahl von der Riverview Colony, der mich in einzigartiger Weise in die hutterischen Traditionen und in die heutige Lebensweise seiner ihm anvertrauten Gruppe eingeführt hat.

Rolf Wilhelm Brednich

Ursprünge und Ausbreitung der Täuferbewegung

Die Hutterer sind ein Teil jener reformatorischen Bewegung des frühen 16. Jahrhunderts, die unter dem Begriff „Täufer" zusammengefaßt wird. Von ihren Gegnern wurden die Angehörigen dieser Bewegung oft als Wiedertäufer oder Anabaptisten bezeichnet. Wegen seiner pejorativen Bedeutung vermeide ich den Begriff Wiedertäufer und spreche grundsätzlich von Täufern oder Taufgesinnten. Lediglich in der Frühphase der Täuferbewegung kam es zur Wiederholung der christlichen Taufhandlung, also zur Glaubenstaufe; spätestens in der zweiten Generation wurden die Angehörigen der Täufergemeinden aber nicht mehr als Kinder, sondern als Mündige getauft. Damit ist bereits das wesentlichste Unterscheidungsmerkmal zu den beiden christlichen Konfessionen genannt, welches theologisch gesehen den stärksten Konfliktfaktor darstellte. Alle anderen Wesensmerkmale der täuferischen Lehre waren aus der Sicht der Katholiken und Protestanten zwar ebenfalls Irrlehren, aber rechtfertigten nicht die harten Verfolgungsmaßnahmen, denen sich die Täufer von allem Anfang an ausgesetzt sahen.

Theologisch gesehen sind die Täufer in die lange Kette sektiererischer Bewegungen einzuordnen, die die christliche Kirche seit dem Mittelalter hervorgebracht hat. Man rechnet sie mit Heinold Fast (1962) heute allgemein dem sogenannten „linken Flügel" der Reformation zu. Die Väter dieser neuen Lehre wollten als radikale Reformatoren eine Lebensgestaltung, die ohne Rücksicht auf althergebrachte kirchlich-religiöse Traditionen und Einrichtungen streng nach den wörtlichen Weisungen der Heiligen Schrift ausgerichtet war. Das kompromißlose Bibelverständnis der Täufer ist der Schlüssel für das Verständnis ihrer wichtigsten Lehrmeinungen: neben der Erwachsenentaufe die strikte Absonderung von der kirchlichen und gesellschaftlichen Umwelt, was gleichbedeutend war mit Verzicht auf Kirchenbesuch, Nichtannahme öffentlicher Ämter, Verweigerung der Eidesleistung und des Dienstes mit der Waffe, sittenstrenger Lebenswandel, Nichtteilnahme an Festen usw., schlichte Kleidung und Verbot des Fluchens. Täufer zu sein bedeutete somit, die bedingungslose Nachfolge Christi anzutreten und sein Leben auf völlig neue Grundlagen zu stellen. Es ist deutlich, daß ein solcher „Lebenswandel" im sozialen Umfeld nicht lange verborgen bleiben konnte. Wer sich einer Täufergemeinde anschloß, stellte sich automatisch außerhalb der herrschenden Gesellschaftsordnung: Er blieb dem Gottesdienst fern und gab auch durch Kleidung und Verhaltensweise seine Taufgesinnung sichtbar zu erkennen.

Die Anfänge der Bewegung führen in die Schweiz. Die erste Erwachsenentaufe wurde 1525 in Zollikon bei Zürich durchgeführt. Noch im gleichen Jahr sprang die Bewegung auf deutschen Boden über; unter Balthasar Hubmaier entstand im vorderösterreichischen Waldshut die erste Täufergemeinde, und von hier erreichte die neue Lehre rasch große Teile Süddeutschlands, aber auch Thüringen und Sachsen. Zunächst waren es vor allem die Städte, in denen die täuferischen Ideen Fuß faßten, ehe die Bewegung auch auf das flache Land übergriff. Ihren Hauptnährboden fand die Lehre zunächst bei städtischen Kleinhandwerkern, bei den Kleinbauern und Tagelöhnern der ländlichen Siedlungsgebiete. In den Städten erreichte die radikale Lehre auch einen zahlenmäßig zwar geringen, aber einflußreichen Prozentsatz von Gebildeten. Aus dieser Schicht rekrutierten sich die großen Führergestalten des Täufertums (Goertz 1978). Später fand das Täufertum in den Städten oder Gemeinden, in denen es Fuß fassen konnte, Anhänger in allen Bevölkerungsschichten, angefangen bei den Knechten und Mägden bis hin zu reichen Handwerkern und Hofbesitzern.

Es ist verständlich, daß Staat und Kirche den Täufern gleichermaßen ablehnend gegenübertraten, sie nicht nur zu Häretikern, sondern auch zu Rebellen erklärten, da ihre Anhänger im Verdacht standen, ähnlich wie die Bauern bei ihren Aufständen des Jahres 1525 die gesellschaftliche und politische Ordnung im Lande umstürzen zu wollen. Im Januar 1528 erging das erste Mandat des kaiserlichen Reichsregiments in Speyer gegen die Täufer, dem am 23. April 1529 ein noch schärferes von Kaiser Karl V. folgte, in welchem bestimmt wurde, *„das alle und jede wydertauffer und wydergetaufften, mann- und weybspersonen verstendigs alters* [= im Erwachsenenalter], *von natürlichem leben zum todte mit dem fewer, schwerdt oder dergleychen nach gelegenheit der personen, one vorgeend der geystlichen richter inquisicion, gericht und gepracht werden* [...]" (Goertz 1980, S. 206f.).

Mit diesem „Wiedertäufermandat", das mit Zustimmung aller Reichsstände zum Reichsgesetz erhoben wurde, war die gesetzliche Grundlage für das Vorgehen gegen die Täufer geschaffen. Es wurde zum Vorbild für eine ganze Reihe späterer Reichstagsabschiede und Täufermandate der Landesregierungen des Reiches. Diese Mandate leiteten allenthalben in Süd- und Mitteldeutschland eine Welle gnadenloser Verfolgung des Täufertums mit dem Ziel seiner vollkommenen Ausrottung ein. Reichsweit hatte die im Jahre 1534/35 in Münster vollzogene Errichtung eines Täuferreiches die Obrigkeiten in Angst und Schrecken versetzt (vgl. Kirchhoff 1973; van Dülmen 1974). Tausende von Täufern starben deshalb den Märtyrertod im Feuer, im Wasser oder durch das Schwert. Die Märtyrertafeln, die mit den Hutterern ihren Weg nach Nordamerika gefunden haben, melden zwar nicht ganz realistische Zahlen, aber es bedarf weiter keines Beweises dafür, daß die Täufer zwischen Reformation und Dreißigjährigem Krieg einen hohen Blutzoll bezahlt haben, der heute auf ca. 5000 Todesopfer geschätzt wird. Seit etwa 1540 wurden Todesstrafen in Ländern mit evangelischen Obrigkeiten kaum noch vollstreckt, während in römisch-katholisch regierten Territorien das Täufertum noch jahrzehntelang mit Feuer und Schwert verfolgt wurde. Das letzte Todesurteil an einem Täufer ist 1618 in einem Dorf bei Bregenz vollzogen worden.

Wo man vor Hinrichtungen zurückschreckte, stand als bequemes Mittel, die Taufgesinnten loszuwerden, die Landesverweisung zu Gebote. Reichsrechtlich war sie zwar verboten, aber beispielsweise in den vorderösterreichischen Erblanden und im Herzogtum Württemberg wurde von dieser Lösung häufig Gebrauch gemacht, zumal sie den Vorteil bot, daß das Vermögen der Verbannten zur Nutznießung dem Landesherrn anheimfiel. Die Täufer, die im Lande blieben, wurden durch diese Maßnahmen in die Illegalität getrieben, sie mußten lernen, ihre Überzeugungen geheimzuhalten und ihre Zusammenkünfte in den ‚Untergrund' zu verlegen. So wurde vielfach berichtet, daß sie ihre Gottesdienste in abgelegenen Höhlen, nachts mitten im Wald oder auf Booten in der Mitte von Seen abhielten. Es bleibt erstaunlich, daß die Bewegung sich trotz der tödlichen Hindernisse im 16. Jahrhundert immer weiter ausbreitete: Der erste Höhepunkt war die Zeit zwischen 1527 und 1530, der zweite fällt in die siebziger und achtziger Jahre des Jahrhunderts. Und ebenso erstaunlich bleibt es bis heute, daß die Mitglieder der Täufergemeinden in diesen Drangsalen eine Standhaftigkeit und unerschütterliche Glaubensfestigkeit an den Tag legten, oft gepaart mit einer Naivität, die selbst die schärfsten Inquisitoren zum Aufgeben bewegten. Zeugnis dafür sind die zahlreichen Wiedertäuferprotokolle in den staatlichen Archiven.

Aus den darin sichtbar werdenden Drangsalen geht hervor, welches Schicksal die Anhänger der Täuferbewegung zu gewärtigen hatten. Für sie war kein Bleiben im Reich möglich. Schon früh begannen sich die Blicke der Taufgesinnten nach solchen Ländern außerhalb der Reichsgrenzen zu richten, in denen eine tolerante Landesherrschaft möglicherweise die freie Religionsausübung gewährleistete. Auf diese Weise wurde die Markgrafschaft Mähren für nahezu ein Jahrhundert zum gelobten Land der Täufer. Das Gebiet gehörte zwar ebenfalls zum habsburgischen Imperium, aber nach den Hussitenkriegen war dort unter dem mährischen Adel eine Situation der religiösen Toleranz entstanden, in der sich eine „rechtlich abgesicherte Tradition konfessioneller Vielfalt" ausbilden konnte (Stayer 1984, S. 37). In Mähren wurde den deutschen Täufern von den Feudalherren neben der Religionsfreiheit auch Siedlungsland, Befreiung von Frondienst, Zins und Steuer, Hilfe beim Aufbau von Häusern angeboten, und viele folgten diesem Ruf. Bei Nacht und Nebel verließen zahlreiche Täuferfamilien in Süddeutschland Haus und Hof und zogen nach Osten, einem ungewissen Schicksal entgegen. Dort vereinten sie sich mit den bereits früher Eingetroffenen und gründeten erste Ansiedlungen, z. B. bei Austerlitz. Aus der frühen Ansiedlungsperiode berichtet das hutterische Geschichtsbuch von Auseinandersetzungen zwischen den sogenannten „Schwertlern", den Anhängern Balthasar Hubmaiers in Nikolsburg, die bereit waren, mit der Waffe in der Hand für ihre Sache einzutreten, und den „Stäblern", die jede Gewalt ablehnten und zur eigentlichen Keimzelle der hutterischen Bewegung in Mähren werden sollten. Unter ihnen wurde auch noch ein weiteres wichtiges Element der täuferischen Bewegung Wirklichkeit: die Gütergemeinschaft. Das Ideal der Eigentumslosigkeit gehörte zuvor auch schon im Reich bei einigen Täufergemeinden zum Programm, aber es war in den Nöten der Verfolgung und Zersplitterung nicht eigentlich zu verwirklichen. Erst an den neuen Wohnplätzen konnte man jetzt daran denken, an die frühchristliche Gemeindeordnung anzuknüpfen, wie sie in Apg 2,44f. im Anschluß an das Pfingstwunder beschrieben wird: „Alle aber, die gläubig waren geworden, waren beieinander, und hielten alle Dinge gemein. Ihre Güter und Habe verkauften sie, und teilten sie aus unter alle, nachdem jedermann not war." Die hutterische Chronik faßt den Übergang zur christlichen Gütergemeinschaft in folgendes einprägsam poetisches Bild:

„Zu der Zeit haben diese Männer ein Mantel vor dem Volk niedergebreit und Jederman hat sein Vermögen dargelegt, mit willigem Gemüt, ungezwungen, zur Unterhaltung der Notdürftigen nach der Lehr der Propheten und Aposteln" (Chr. I, S. 63).

Die Formulierung darf nicht darüber hinwegtäuschen, daß den Neuankömmlingen in der schwierigen wirtschaftlichen

Situation wohl gar kein anderer Ausweg offenblieb, als diese Art der Gemeinschaft zu praktizieren. Anfangs gab es unter den „Stäblern" noch keine Führungspersönlichkeit und auch keine eigene Bezeichnung. Dies sollte sich erst ändern, als ein Tiroler Täuferführer in Mähren erschien und durch seine ordnende Hand der Gemeinschaft seinen Stempel aufdrückte: Jakob Hutter. In der Grafschaft Tirol waren im ersten Reformationsjahrzehnt ebenfalls täuferische Gemeinden entstanden, die in ihrer eigenen Bedrängnis den aus dem Weiler Moos bei Bruneck stammenden Hutmacher mehrfach nach Austerlitz entsandten, um mit den mährischen Gemeinden Kontakt aufzunehmen und Möglichkeiten für die Übersiedlung von Tiroler Gemeindemitgliedern nach Mähren zu erkunden. Über seine Wirksamkeit und Erfolge schreibt die Große Chronik u. a.:

(1533) „*Als sie* [die mährische Gemeinde] *aber so fleißig im Gebet waren und Gott ihnen allen ein einig Herz und Sinn gabe, nahmen sie den Jakob Hutter als ein Schenkung Gottes auf, daß er ihr Bischof und Hirt sein sollte, und verbunden sich mit einander in großer Lieb zusammen*" (Chr. I, S. 81).

Aufgrund seines Organisationstalentes und seiner Verbindungen gehörte der Vorsteher Jakob Hutter bald zu den von der Obrigkeit am meisten gesuchten Täuferpersönlichkeiten in Österreich. Lange Zeit konnte er sich bei seinen zahlreichen Reisen den Häschern entziehen. Endlich gelang es den Behörden, durch Verrat von sogenannten Kundschaftern in Klausen am Eisack seiner habhaft zu werden. Er wurde nach Innsbruck gebracht und den schlimmsten Folterungen unterzogen, um ihn zum Widerruf zu zwingen. Er blieb standhaft in seinem Glauben, wurde zum Tode auf dem Scheiterhaufen verurteilt und am 25. Februar 1536 öffentlich auf dem Platz vor dem Goldenen Dachl bei lebendigem Leibe verbrannt. König Ferdinand wollte damit ein sichtbares Zeichen seiner Entschlossenheit zur Ausrottung der Täufer setzen. Dieses Ziel haben weder er noch seine Nachfolger erreicht, denn während der folgenden 250 Jahre blieb das Täuferproblem den Habsburgern erhalten.

Im Nachruf auf Jakob Hutter in der Großen hutterischen Chronik heißt es dazu: „*Er hat die Gemein Gottes in das dritte Jahr geregiret und dem Herren sein Volk versammlet, erbaut und hinter sich gelassen. Von diesem Jakob Hutter hat die Gemein den Hutterischen Namen geerbt, daß man sie die Hutterischen Bruder genennt hat, deß sie sich bis auf den heutigen Tag nicht schamt, denn er ist der Wahrheit mit aller Freudigkeit bis in den Tod beigestanden*“ (Chr. I, S. 119).

Die Hutterer in Osteuropa

Mähren, damals als das „klassische Land der Religionsfreiheit" (Hrubý 1935, S. 37) gepriesen, wurde für etwa ein Jahrhundert zum Zufluchtsort der aus dem Reich und aus Österreich vertriebenen Täufer und zum Zentrum der hutterischen Bewegung. Die Epoche wird mitunter auch das „Goldene Zeitalter" der Hutterer in Europa genannt (vgl. Gross 1980). Zum bestimmenden Element des hutterischen Gemeindelebens wurde die unter Jakob Hutter eingeführte christliche Gütergemeinschaft. Es gab in Mähren zwar eine Reihe anderer Gruppierungen von Taufgesinnten, z. B. die Schweizerbrüder (die am Eigenbesitz festhielten), aber die hutterische Bewegung mit ihrer Betonung des „Liebeskommunismus" setzte sich im weiteren Verlauf des Jahrhunderts gegen alle anderen Richtungen durch. Infolge des ständigen Zuzugs von außen waren die Gemeinden vor die Aufgabe gestellt, immer neue und meist mittellose Brüder und Schwestern zu integrieren, und dies war am ehesten möglich, wenn jedem seinen Kenntnissen und Fähigkeiten entsprechend ein Platz in den sich bildenden Gemeinden zugewiesen wurde. Auf diese Weise wurden vor allem die handwerklichen und landwirtschaftlichen Qualifikationen der Neuankömmlinge gleichmäßig auf die wachsenden Siedlungen verteilt. Die Hutterer nannten ihre Wohnplätze zunächst Haushaben, später auch Bruderhöfe; auf jedem Hof lebten zwischen 200 und 400 Personen. Wuchs diese Zahl weiter an, kam es zur Teilung und zur Gründung einer neuen Haushabe. Am Ende dieser friedlichen Periode war Mähren von einem Netz von ca. 100 Bruderhöfen überzogen, von denen jeder einzelne eine funktionierende Lebens- und Arbeitsgemeinschaft von Mehrgenerationenfamilien darstellte, die ihre gesamte Kraft in den Auf- und Ausbau des Gemeinwesens investierten, ohne daß sie einen persönlichen Gewinn davon erzielten. Die Zahlen der am Ende des 16. Jahrhunderts erreichten hutterischen Gesamtbevölkerung schwanken; sie dürften bei 25 000 Mitgliedern liegen, wobei in dieser Zahl aber nur die getauften Erwachsenen enthalten sind, nicht jedoch die Kinder und Jugendlichen. Jede dieser Kommunen war eine Konsum- und Produktionsgemeinschaft, die so effektiv funktionierte, weil die Arbeitskräfte kostenlos zur Verfügung standen. Die Eltern konnten sich ganz ihren Aufgaben in der Produktion widmen, da die Höfe ihnen die Probleme der Behausung, Ernährung, Bekleidung und Kindererziehung abnahmen. Das System mit seiner strengen Einteilung vom Tages- bis zum Lebenslauf beruhte auf Unterordnung des einzelnen unter die Gesetze der Gemeinschaft. Eine solche kommunale Lebensweise war anderwärts vorher noch nie erprobt worden, so daß die Hutterer bei dem einheitlichen Aufbau ihrer Niederlassungen große organisatorische Leistungen erbringen mußten. Die Erfolge des Bruderhofsystems waren dennoch erstaunlich, und zwar sowohl auf dem landwirtschaftlichen wie auf dem gewerblichen Sektor. Hier wurden bereits spätere Produktionsweisen der Manufaktur und Hausindustrie vorweggenommen, die sich in Europa erst viel später entwickeln sollten. Aus den Quellen wird ebenfalls deutlich, daß die frühen Huttererhöfe die eingesessenen mährischen Betriebe an Produktivität bald überflügelten und deshalb auch von außen beargwöhnt und angefeindet wurden, eine Begleiterscheinung von Erfolg, die auch für die heutige Situation in Nordamerika wieder in ähnlicher Weise zutrifft.

Die hutterischen Haushaben wurden zum wichtigen Wirtschaftsfaktor in Mähren. Landwirtschaft, Viehzucht, Gartenkultur und Weinbau florierten. Da zu den einzelnen Haushaben der mährischen Herrschaftsbereiche kein großer Landbesitz gehörte, hatte der sekundäre Sektor eine stärkere Bedeutung als der primäre. Wir wissen, daß die durch starke Zuwanderungen geförderten Qualifikationen der Hutterer zahlreiche Handwerkszweige einschlossen. Sie waren aktiv in

Mühlen- und Wasserbaukunst, in der Metallverarbeitung (als Schmiede, Kupferschmiede, Sensen- und Sichelschmiede, Uhrmacher, vor allem als berühmt gewordene Messerschmiede), in der Holzverarbeitung (als Zimmerleute, Tischler, Siebmacher, Wagner usw.), in der Lederverarbeitung (als Gerber, Sattler, Buchbinder usw.) sowie in der Textilverarbeitung (als Schneider, Hutmacher, Seiler usw.). Natürlich gab es für die Grundbedürfnisse auch Bauhandwerker und Maurer, Bäcker, Brauer usw. Besondere Berühmtheit erlangten die mährischen Bruderhöfe durch die Herstellung von keramischen Erzeugnissen und durch die Tätigkeit ihrer Chirurgen. Die hutterische Keramik präsentiert sich heute in vielen mittel- und osteuropäischen Museen als vielbewunderte weißgrundige Fayence mit sparsamer Bemalung. Diese gesuchten und jetzt nahezu unbezahlbaren Töpferkunstwerke werden seit dem späten 18. Jahrhundert als „habanisch" bezeichnet. Der Ausdruck leitet sich aus der Bezeichnung *(Haus)haban, habanski* ab, mit der die Slowaken die Bruderhöfe und ihre später rekatholisierten hutterischen Nachbarn bezeichneten, eine Parallelentwicklung zu *toufar, toufarski* [von dt. Täufer] (vgl. Rein-Hedrich/Rein 1972/73). Es wird in der Forschung vermutet, daß die handwerkliche und künstlerische Begabung der Hutterer in der damaligen Zeit vor allem ein Erbteil der aus Tirol gekommenen Siedler gewesen ist (Bauer 1985, S. 97 u. passim). Die hutterische Chronik vergleicht die Betriebsamkeit auf den Haushaben mit einem Uhrwerk oder einem Bienenstock und faßt zusammen: *„In Summa, da war Keiner, der müßig ging, es tät Jedes etwas, was ihm befohlen war, und was es vermocht und konnt, und wär er vorhin gewesen edel, reich oder arm. Da lerneten auch die Pfaffen arbeiten und werken, welche herzu kamen"* (Chr. I, S. 334).

Getragen wurde die Bewegung von einem starken religiösen Sendungsbewußtsein und der Überzeugung ihrer Mitglieder, den wahren Weg zum Heil gewählt zu haben und am besten auf das bevorstehende Ende der Welt vorbereitet zu sein. Diese Heilsgewißheit ist auch nach 450 Jahren bei ihren

Nachkommen in Nordamerika noch immer anzutreffen. In der mährischen Periode erwuchsen der Bewegung neue, charismatische Führerpersönlichkeiten, deren Überzeugungen in zahlreichen Schriften niedergelegt sind. Hierzu zählt vor allem der aus Schlesien gebürtige Peter Riedemann (1506 bis 1556), dessen „Rechenschaft unserer Religion, Lehre und Glaubens, von den Brüdern, die man die Hutterischen nennt" (gedruckt 1565) die Grundzüge der hutterischen Glaubenslehre enthält; das Büchlein wird noch heute bei den Hutterern nachgedruckt und gelesen. Darin ist etwa in dem Kapitel „Von der Absonderung" der folgende selbstbewußte Satz zu lesen: *„Also sagen wir und müssen sagen und bekennen, daß nicht wir, sondern alle Kindertäufer die Kirche und Gemeinschaft Christi verlassen und sich von derselbigen abgesondert haben.*" Es verwundert daher nicht, daß die Verbreitung des Buches zu Lebzeiten von Riedemann von den Obrigkeiten verhindert wurde und sein Verfasser lange im Gefängnis eingesessen ist. Wenn man dieses Buch genau liest, erhält man, wie sein Titel verheißt, eine genaue Rechenschaft über das hutterische Lehrgebäude, das sich unter Riedemann immer stärker befestigte, ohne seine Begründung auf der Heiligen Schrift zu verlassen. Riedemann rechtfertigt mit Bibelzeugnissen u. a. die Erwachsenentaufe, die Wahl der Gemeindeämter, die Gemeinschaft der Güter, die Ablehnung des Kirchenbesuchs („Vom Tempel, und daß wir nicht darein gehen") und des Kriegsdienstes. Seine „Rechenschaft" schließt aber auch die Gestaltung des täglichen Zusammenlebens ein, das Grüßen, „Handbieten und Umfahen", Beten, Singen, Feiern, Zutrinken, den Bann und die Wiederaufnahme, das Verbot der Kaufmannschaft, schließlich auch so elementare Dinge wie Kleidung, Fasten oder Kinderzucht. An ausgewählten Beispielen läßt sich zeigen, daß die Vorschriften von 1565 noch heute auf den hutterischen Bruderhöfen beachtet werden:

Vom Kleidermachen: *„Was aber allein zu Stolz, Pracht und Hoffart* [ge]*reichet, als zerschnitten, verbremet, verblümet und ausgestochen Werk, das machen wir niemand, auf daß* *wir unser Gewissen vor unserm Gott unbefleckt behalten. Denn wir von Gott erwählet sind, daß wir es nicht allein nicht thun, handeln und brauchen sollen, Joh. 16, sondern auch dawider zeugen und die Sünde dem Menschen anzuzeigen und bekannt zu machen"* (Riedemann 1565, S. 110). „Geblümelte" Stoffe waren daher bis an die Schwelle der Gegenwart in der Frauenkleidung streng verpönt. Erst neuerdings achten die Alten nicht mehr ganz so streng auf die Muster, wenn sie nur dunkel und unauffällig genug sind.

Während der mährischen Zeit fand die Täuferbewegung auch wieder die Kraft zu eigener Missionstätigkeit und zur Aussendung von Missionaren, sogenannten Sendboten, die regelmäßig die früheren Herkunftsgebiete der Taufgesinnten besuchten, um dort Familienangehörige nachzuholen oder neue Anhänger zu gewinnen. Diesen Sendboten galt die besondere Aufmerksamkeit der staatlichen Behörden, aber sie konnten sich meist der Verfolgung entziehen, da sie bei ihren Glaubensgenossen sicheres Versteck fanden und vor Verrat sicher waren. Auch die Auswanderungswilligen waren Ziel der Verfolgungsmaßnahmen, aber oft blieb den Behörden nichts anderes übrig, als das *fait accompli* nur zu protokollieren. So heißt es z.B. 1558 in einem Bericht des Untervogts von Schorndorf im württembergischen Remstal:

„Am letzten Donnerstag [30. Juni 1558] *sind in der Nacht 2 Brüder Peter und Endris Sturmmer zu Rudersberg samt ihren Weibern und 7 Kindern, darunter 2, die Zwillinge und nicht über dreiviertel Jahre alt sind, in der Wiege, ferner Ulrich Lemblins Weib zu Fuß ins Mährenland gezogen, aber Vieh, Hausrat und anderes alles verlassen* [...]. *Am Donnerstag hatten diese irrigen Leute noch im Feld geschafft, gemäht, Mist auf die Güter getragen, so daß niemand ihr Entweichen vermuten konnte* [...]. *Die Hinterlassenschaft der Entwichenen ist konfisziert und wird verpflegt"* (Bossert 1930, S. 172).

Wenn in den Täuferakten so häufig davon die Rede ist, daß Menschen aus der Pfalz, aus Baden, aus Schwaben oder Schlesien „nach Mähren gezogen" seien, so ist dies in den meisten Fällen gleichbedeutend damit, daß sie sich den hutterischen

Brüdern angeschlossen haben. Aus Württemberg sind den Akten zufolge zwischen 1530 und 1620 ca. 628 Personen nach Mähren gegangen, wobei die tatsächliche Zahl sicher noch höher gelegen haben dürfte. Der Huttererfeind und Jesuit Christoph Andreas Fischer hat die Zahl der von den mährischen Bruderhöfen angezogenen Menschen aus dem Reich allein für das Jahr 1587 auf 1600 Personen beziffert, aber sein Buch (Fischer 1607, S. 82) ist eine Streitschrift, die möglicherweise stark übertreibt. Der Schwerpunkt der Siedlungstätigkeit lag in dem Dreieck, das von Thaya und March in Südmähren gebildet wird. Vereinzelt hatte die Siedlungstätigkeit auch bereits auf Ungarn übergegriffen.

Eine Haushabe wurde von einem sogenannten Ältesten geleitet, der durch Los bestimmt wurde. Er war das geistliche und weltliche Oberhaupt eines Bruderhofes und unterstand nur noch dem Hauptvorsteher, der von allen Gemeinden anerkannt wurde. Weitere Führungspositionen bekleideten die sogenannten Diener der Notdurft, auch Zeugbrüder oder Zultbrüder, an ihrer Spitze der Haushalter oder Wirt, der die weltlichen Angelegenheiten regelte und dem weitere Diener zugeordnet waren, z. B. der Weinzedel oder Weinzierl (ursprünglich zuständig für den Weinbau, heute landwirtschaftlicher Verwalter, engl. *farm boss*), die Leiter der einzelnen handwerklichen Betriebe, der Gartenverwalter und der Deutschlehrer. Diese Amtsträger bildeten den Rat der Ältesten, der sich zum Fällen der wichtigen Entscheidungen im Anschluß an einen Gottesdienst regelmäßig traf (hutt. *Stiebel*). Die Verteilung der Ämter ist bis heute völlig gleich geblieben.

Wer in die hutterische Lebensgemeinschaft eintrat, dessen Persönlichkeit wurde in einer zweiten Phase der Sozialisation neu geformt. An die Stelle des Individualismus traten bei den „Gemeinschaftern" die Werte des Kollektivs, der Gehorsam gegenüber den Normen des Zusammenlebens und -arbeitens, aber auch das Sendungsbewußtsein, der einzig wahren Kirche Jesu Christi anzugehören. Es wird nur relativ selten von Abtrünnigen berichtet, die der Gemeinschaft infolge der hohen

Ansprüche an das Individuum oder des Verzichts auf persönliches Eigentum den Rücken kehrten. Ein solches Zeugnis findet sich in den württembergischen Täuferprotokollen. Der Untervogt von Schorndorf berichtete folgendes:

„Michael Honacker und Hans Braun von Mittelschlechtbach [O.-A. Welzheim] *bitten um Wiedereinräumung ihrer beschlagnahmten Habe. Diese Leute hatten sich 1558 mit Weib und Kindern nach Mähren begeben, worauf ihre Habe beschlagnahmt und verpflegt wurde. Jetzt sind sie zurückgekommen, dürfen sich nicht auf württembergischen Boden aufhalten und haben durch ihre Verwandten um Verzeihung und Rückgabe ihrer Haben gebeten. Sie erbieten sich, sich künftig wie gehorsame und christliche Untertanen zu halten.“* Der Rat hatte Bedenken und beschloß: *„Die Bittsteller sind vor die Kirchenräte zu berufen und zu sehen, ob es ihnen ernst ist und kein Betrug unterläuft, daß sie nur mehr Gut und weitere Personen hinwegführen wollen.“* Honacker berichtete daraufhin den Kirchenräten, *„daß er vor ungefähr einem Jahr mit seinem Weib und Braun mit dessen Weib von Leuten aus Baiern und Schlesien beredet worden, mit Frau, 5 Kindern und seiner eigenen Mähne* [Pferdewagen] [...] *nach Mähren gefahren sei. Dort seien ihm 4 Kinder abgenommen und in eine Schule gebracht worden, wo viele Kinder seien, auch besondere Schulmeister, Schulmütter und Mägde verordnet seien. Die Alten seien hin und wieder in Stuben, Scheunen, und, wo es sonst Gelegenheit hatte, bis zu 300 Personen zusammen gekommen* [...]. *Er habe als Maurer die ganze Woche gearbeitet, am Samstag habe ein anderer, den man Haushalter nennt, das Geld empfangen. Der nehme ein und gebe aus und gebe jedem seine gebührende Unterhaltung"* (Bossert 1930, S. 185f.). Die Zahl der unzufriedenen Rückkehrer wird für das Hezogtum Württemberg auf ca. 12 Prozent geschätzt (Clasen 1965, S. 185).

Wir hören aus den Quellen, daß die mährischen Brüdergemeinden in der zweiten Hälfte des 16. Jahrhunderts bereits zum Ziel von Reisenden wurden, die sich bei ihrem Besuch über die blühende Handwerkskultur, das Schul- und Erziehungssystem der Hutterer u. a. informierten. Im September 1578 z.B. kam der spätere Tübinger Professor Stephan Gerlach auf einer Reise über Konstantinopel und Wien zu den Täufern, um seinen Vater und seine Geschwister zu besuchen, die sich den Hutterern angeschlossen hatten und von Württemberg nach Mähren ausgewandert waren. In seiner „Konstantinopolischen Reisebeschreibung" berichtet Gerlach aus dem mährischen Neuenmühl: *„Hier fand ich meine andere schwester Saram, die einen weingärtner zur ehe hat und in ihrer widertäuferschule die kinder reinlich hält* [...]. *Meine schwester Sara hat ihren mann nicht gern genommen, aber dörfte nichts darwider sagen; dann sie halten diese weise in ihrem heuraten: die vorsteher berufen auf einen gewissen sonntag die jüngling und jungfrauen, so mannbar sind, in eine behausung zusammen, stellen sie gegeneinander über und halten einer jungfrauen 2, 3 gesellen vor, welchen sie wolle; da muß sie einen nehmen, wird zwar nicht gezwungen, darf aber wider die vorsteher nicht handlen"* (Bossert 1930, S. 1106f.). Diese Art der Zwangsehe war bis um die Mitte des 19. Jahrhunderts bei den Hutterern in der Südukraine noch üblich, hat aber inzwischen längst einem freien Verfahren der Partnersuche und -findung Platz gemacht.

Das vielgerühmte Schulsystem der mährischen Hutterer war das Werk des aus Südtirol stammenden Tuchscherers Peter Walpot (1521–1578), unter dessen theologischer Führung sich das bei Gerlach erwähnte Neumühl zu einem geistigen Zentrum der Täufergemeinden entwickelte. Der Kinderkatechismus von Walpot ist bis heute auf den Huttererhöfen in der Neuen Welt verbreitet. Die hutterische Schulordnung von 1578 war mit ihren genauen Vorstellungen über Hygiene, Krankheitsvorbeugung, Kinderstrafen usw. der Pädagogik der Zeit weit voraus, selbst wenn sich das hutterische Erziehungswesen auf das Schulalter zwischen zwei und 14 Jahren beschränkte. Höhere Schulbildung lehnen die Hutterer auch heute strikt ab.

Die Zeit bis 1621, die als „Goldenes Zeitalter" in die hutterische Geschichtsschreibung eingegangen ist, war allerdings nie ganz frei von äußeren Störungen. Immer wieder wurden von Wien Soldatentrupps ausgesandt, um die Wohnsitze der „Wiedertäufer" zu plündern und einzelne Täuferführer dingfest zu machen. Die Hutterer lernten mit dieser ständigen Bedrohung zu leben und entzogen sich den Überfällen, indem sie sich zeitweise in unterirdische Höhlensysteme flüchteten, die sie mit Meisterschaft ausgebaut hatten und die erst in unserem Jahrhundert wiederentdeckt worden sind (vgl. die Abb. bei Gross 1980, S. 141). In den Jahren 1569 bis 1597 hatten mehrere hutterische Haushaben in Mähren unter türkischen Überfällen zu leiden.

Aufgrund ihres erfolgreichen Wirtschaftens standen die Hutterer bei Außenstehenden lange in dem Geruch, daß sich bei ihren Ältesten wunderbare Reichtümer angesammelt hätten und bei ihnen große Schätze zu holen seien. Diese historischen Gerüchte finden im 20. Jahrhundert in Nordamerika ihre Parallele: Die hutterischen Kolonien gelten als reich, und viele sind es in der Tat auch. Der ökonomische Erfolg des mährischen Siedlungssystems der Hutterer läßt sich am besten daran ablesen, daß der mährische Adel seit 1570 dazu überging, die Haushaben zu besteuern, was oft zu Schwierigkeiten führte, weil die Täufer prinzipiell Wert darauf legten, daß ihr Geld nicht für Kriegszwecke benutzt werden sollte. Auch dies gilt bis heute.

Zusammenfassend zeichnet sich die „goldene Zeit" der hutterischen Gemeinden in Mähren im 16. und beginnenden 17. Jahrhundert (nach Plümper 1972, S. 145) durch folgende Merkmale aus: 1. ein sicheres religiöses Fundament, das auch einfache Menschen zu verstehen in der Lage waren, 2. ein geregeltes und von den Ältesten überwachtes kirchliches Leben, welches das Mitglied von der Wiege bis zur Bahre geleitete und es mit der Erwartung des sicheren Seelenheils aus dieser Welt entließ, 3. die Aufhebung aller hierarchischen Strukturen und die Gleichheit aller Mitglieder, so daß mit einem gewissen Recht von einer demokratischen Ordnung gesprochen werden kann, 4. die Aufhebung sämtlicher Besitzunterschiede, 5. die Versorgung der Mitglieder mit allen Grundbedürfnissen einschließlich der Vorsorge gegen Teuerung und Hungersnöte, 6. die Versorgung im Alter, bei Arbeitsunfähigkeit oder Krankheit, 7. die Schul- und Berufsausbildung der Kinder, auch bei Waisen, 8. die Sicherung eines Arbeitsplatzes mit fester Regelung der Tätigkeit und gleicher Arbeitsbelastung für alle entsprechend ihrem Alter und ihrer Konstitution, 9. Schutz des Mitglieds gegen die Willkür der Grundherren und bei obrigkeitlichen Verfolgungen. Die unübersehbaren Vorteile dieses Sozialsystems machen es verständlich, daß die Hutterer zu ihm zurückgekehrt sind, sobald sie auf ihren weiteren Wanderwegen zu ungestörter Siedlungstätigkeit zurückfanden. In Mähren waren sie davon überzeugt, daß Gott selbst sie in dieses Land geleitet hatte, welches eine solche Glaubensfreiheit gewährte, daß weder Kaiser noch König ein Recht hatten, hierin den sie beschützenden Ständen etwas anzuordnen; „wo jeder glauben konnte, was er wollte und wo ein jeder nach seinem Gotte sein Leben nach bestem Ermessen einrichten konnte" (Hruby 1935, S. 51). Aber mit dem Beginn des 17. Jahrhunderts war das Ende dieser „goldenen" mährischen Periode gekommen, die Zeichen standen für die Hutterer auf Sturm.

Das Unheil begann mit einem Einfall ungarischer Söldner im Jahre 1605, bei dem die Hutterer innerhalb dreier Monate 16 Haushaben einbüßten. Aber das war lediglich das Vorspiel zu der Katastrophe, die mit dem Dreißigjährigen Krieg über sie hereinbrach. Schon im ersten Jahr gingen durch Plünderungen und Überfälle zwölf der noch bestehenden ca. 40 Haushaben verloren, 17 weitere wurden schwer geschädigt. Ein Teil der Insassen floh in den von Slowaken besiedelten Teil Nordungarns, wo in Sobotište (ungar. Szobotiszt) bereits eine hutterische Siedlung bestand, die in den Quellen Sabatisch genannt wird. Sie war für den Andrang von 3000 Flüchtlingen nicht gerüstet, außerdem brach eine Seuche aus, die in kurzer Zeit 500 Menschen dahinraffte. Aber das eigentliche Schicksalsjahr stand den Hutterern noch bevor: Am 17. September 1622 erließ Ferdinand II. von Österreich das Mandat zur Austreibung der Täufer aus dem nach dem Sieg der kaiserlichen Truppen am Weißen Berg habsburgisch gewordenen Mähren. Das Mandat wurde von Kardinal Franz von Dietrichstein, dem erklärten Feind der Hutterer, von Nikolsburg aus sofort in die Tat umgesetzt. Binnen vier Wochen mußten die Insassen der Haushaben entweder ihrem Glauben abschwören oder das Land verlassen. 230 Menschen beugten sich dem Druck und wurden katholisch, eine weitaus größere Zahl verließ Haus und Hof, um als Glaubensflüchtlinge in Ungarn Aufnahme zu suchen. Ihnen war nicht erlaubt, irgend etwas von ihrem Besitz mitzunehmen. Häuser, Werkstätten, Scheunen und Ställe wurden versiegelt, der gesamte, während fast eines Jahrhunderts erarbeitete Reichtum blieb in Mähren zurück. Die Geschichte des mährischen Täufertums war 1622 auf einen Schlag an ihr Ende gelangt.

Was folgte, waren zweieinhalb Jahrhunderte unsteten Wanderdaseins, währenddessen die Hutterer oder das, was von ihnen übrigblieb, immer weiter nach Osteuropa abgedrängt wurden, ständig auf der Flucht vor neuen Verfolgungen, stets auf der Suche nach Wohnplätzen, wo sie in Ruhe und Frieden ihrem Glauben gemäß leben konnten. Ein großer Teil der Emigranten siedelte zunächst auf Einladung der ungarischen Stände jenseits der mährischen Grenze auf ungarischem Boden. Der Adel hatte es trotz seiner Teilhabe an der böhmischen Erhebung verstanden, so viel an Religionsfreiheit aufrechtzuerhalten, daß die Ansiedlung der vertriebenen Täufer möglich war. In Ungarn entstanden neue hutterische Haushaben in der Nachbarschaft des bereits erwähnten Sabatisch, in Velke Levary (hutt. Lewär) nördlich von Bratislava und im siebenbürgischen Alwintz nahe bei Hermannstadt/Sibiu. Mit Andreas Ehrenpreis (1589–1662) erwuchs der täuferischen Bewegung in Ungarn aus dem eigenen Schoß eine bedeutende Führerpersönlichkeit, und es wurde sogar noch einmal aktive Missionsarbeit betrieben. Die Beziehungen zu den aufgegebenen Wohnsitzen in Mähren rissen zumindest in dem ersten Jahrzehnt nach der Vertreibung nicht ganz ab, denn einzelne

Täufer waren mit ihren Kenntnissen, z. B. als Mühlenbauer, beim mährischen Adel immer noch gefragt. Aber Kaiser Ferdinand II. hielt den Kardinal Dietrichstein immer strenger dazu an, auch den letzten „Wiedertäufer" aus dem Land zu verbannen. Um 1629 kann der direkte hutterische Einfluß in Mähren als beendet angesehen werden. Nur die „brüderischen" Produkte, zumal die keramischen Erzeugnisse, bestimmten noch lange das Alltagsleben in Mähren und wurden vom mährischen Adel auch noch lange von den Bruderhöfen aus Ungarn bezogen (Hruby 1935, S. 111).

Vorübergehend faßten die Hutterer damals auch im Reich wieder Fuß, denn der Kurfürst und Pfalzgraf Karl Ludwig gestattete den Sendboten aus den ungarischen Bruderhöfen, in seiner Residenzstadt Mannheim eine Niederlassung zu begründen und neue Mitglieder zu werben (Walter 1901; Gerlach 1985). Dieser Bruderhof bestand zwischen 1655 und 1684 und beherbergte acht Familien, darunter im Jahr 1674 u. a. die aus der Pfalz stammende Familie eines Matthäus Breitenich (= Brednich). Seitdem mir Prof. Don Yoder (Philadelphia) vor vielen Jahren diesen Umstand mitgeteilt hatte, ist mein Interesse an den Hutterern verständlicherweise besonders rege.

In die kurze Zeit der pfälzischen Ansiedlung der Hutterer fällt auch ein literarischer Beleg, mit dem die Täufer in die Weltliteratur eingegangen sind. Hans Jakob Christoph von Grimmelshausen hat in seinem Romanwerk „Abenteuerlicher Simplicissimus" 1668 im 19. Kapitel des 5. Buches den „Ungarischen Wiedertäuffern und ihrer Art zu leben" ein kleines Denkmal gesetzt. Der Held Simplicius berichtet hier zunächst davon, wie er sich zu Studienzwecken mit seinen Büchern in ein Haus zurückgezogen hatte und in keiner der Wissenschaften Befriedigung fand, um schließlich bei der Theologie zu landen:

„[...] *ich hatte hiebevor in Ungarn auf den wiedertäuferischen Höfen ein solches Leben gesehen, also daß ich, wofern dieselbe guten Leut mit andrer falscher, und der allgemeinen christlichen Kirchen widerwärtiger ketzerischer Meinung nicht wären verwickelt und vertieft gewesen, ich mich von freien Stücken zu ihnen geschlagen, oder wenigst ihr Leben vor das seligste in der ganzen Welt geschätzt hätte, denn sie kamen mir in ihrem Tun und Leben allerdings vor wie Josephus und andere mehr die jüdischen Essäer beschrieben. Sie hatten erstlich große Schätze und überflüssige Nahrung, die sie aber keineswegs verschwendeten, kein Fluch, Murmelung* [= Murren] *noch Ungeduld wurde bei ihnen gespürt, ja man hörte kein unnützes Wort; da sah ich die Handwerker in ihren Werkstätten arbeiten, als wenn sie es verdingt hätten, ihr Schulmeister instruierte die Jugend, als wenn sie alle seine leiblichen Kinder gewesen wären, nirgends sah ich Manns- und Weibsbilder untereinander vermischt, sondern an jedem bestimmten Ort auch jedes Geschlecht absonderlich seine obliegende Arbeit verrichten* [...], *und gleichwie die Ämter unter dem weiblichen Geschlecht ordentlich ausgeteilet waren, also wußte auch unter den Männern und Jünglingen jeder sein Geschäft; wurde einer oder eine krank, so hatte er oder dieselbe einen sonderbaren Krankenwärter oder Wärterin, auch beide Teil einen allgemeinen Medicum und Apotheker; wiewohl sie wegen löblicher Diät und guter Ordnung selten erkranken, wie ich denn manchen feinen Mann in hohem gesundem und geruhigem Alter bei ihnen sah, dergleichen anderswo wenig anzutreffen; die hatten ihre gewissen Stunden zum Essen, ihre gewissen Stunden zum Schlafen, aber keine einzige Minut zum Spielen noch Spazieren, außerhalb* [= ausgenommen] *die Jugend, welche mit ihrem Präzeptor jedesmal nach dem Essen der Gesundheit halber ein Stund spazieren gehen: mithin* [= dabei] *aber beten, und geistliche Gesänge singen mußte. Da war kein Zorn, kein Eifer, kein Rachgier, kein Neid, kein Feindschaft, kein Sorg um Zeitlichs, kein Hoffart, kein Reu! In Summa, es war durchaus eine solche liebliche Harmonia, die auf nichts anders angestimmt zu sein schien, als das menschliche Geschlecht und das Reich Gottes in aller Ehrbahrkeit zu vermehren* [...] *Ein solch seliges Leben, wie diese wiedertäuferischen Ketzer führen, hätte ich gerne auch aufgebracht, denn soviel mich dünkte, so übertraf es auch das klösterliche* [...]. *,Ach', sagte ich oft, ,könntest du doch die Wiedertäufer bekehren, daß sie unsere Glaubensgenossen ihre Manier zu leben lerneten, wie wärest du doch so ein seliger Mensch!'* [...] *Mit solchen und dergleichen Gedanken ging ich lang um, und hätte gerne so einer vereinigten christlichen Gesellschaft meinen Hof und ganzes Vermögen zum besten gegeben, unter derselben ein Mitglied zu sein"* (Grimmelshausen 1956, S. 458–461).

Der Romanautor hat die hutterischen Bruderhöfe im slowakischen Teil Ungarns nie besucht, so daß die Informationen entweder auf mündlichem Weg an ihn gelangten oder seine Kenntnisse auf einer Begegnung mit den Mitgliedern des Mannheimer Bruderhofes basieren (vgl. Zieglschmid 1940). Wie dem auch sei, jedenfalls sind die Beobachtungen über das Leben auf einem hutterischen Bruderhof äußerst zutreffend, und besonders erstaunlich ist es, daß sie auch noch nach mehr als 300 Jahren für die heutige Lebensweise der Hutterer gültig sind. Grimmelshausens Wort von der „lieblichen Harmonia" scheint für die Hutterer noch immer zu gelten, denn Untugenden wie Zorn, Rachgier, Neid, böse Nachrede oder gar Feindschaft zwischen Gemeindemitgliedern sind ihnen völlig fremd. Der Romanautor beschreibt hier mit unverhohlener Sympathie eine fast ideale menschliche Lebensordnung; mit dieser Einschätzung unterscheidet sich Grimmelshausen von vielen seiner Zeitgenossen, zumal von den jesuitischen Autoren, die für die Täufer nur Hohn und Spott übrig hatten.

Unter dem Druck der äußeren Verhältnisse (türkische Überfälle, Raubzüge der Nachbarn) trat in der ungarischen Periode in den Haushaben um Sabatisch, Großschützen und Alwintz allmählich der unvermeidliche Zerfall ein. Die ältere hutterische Chronik weiß für diesen Zeitraum fast nur von Überfällen, Plünderungen, Feuersbrünsten und Todesfällen zu berichten.

1685 wurde, um den einzelnen Familien das Überleben zu sichern, die Gütergemeinschaft aufgehoben; um die gleiche Zeit mußten die Hutterer unter Zwang sogar wieder zur Kindertaufe übergehen. Trotz allem bestanden die Gemeinden weiter, auch wenn der Zuzug von außen mehr und mehr ausblieb. Neue Zwänge stellten sich erst nach der 1740 erfolgten Thronbesteigung der von den Hutterern später „Erzkatholikerin" genannten Kaiserin Maria Theresia ein. Unter ihrer Herrschaft erhielt der Jesuitenorden den gezielten Auftrag, die ungarischen Täufer zum katholischen Glauben zurückzuführen, den der Orden mit allem Nachdruck zu erfüllen suchte. Angesichts der ständig nach Wien berichteten Missionserfolge und der Konfiszierung aller erreichbaren hutterischen Schriften bleibt es eine erstaunliche Tatsache, daß ein Kernbestand an Taufgesinnten auch diese Verfolgungswelle überstand.

Eine unerwartete Stärkung erfuhren die Hutterer nach der Mitte des 18. Jahrhunderts durch den Zuzug von gleichgesinnten Glaubensgenossen aus Kärnten. In verschiedenen Teilen Österreichs war unter der bäuerlichen Bevölkerung eine protestantische Erneuerungsbewegung entstanden, die von der kaiserlichen Regierung unter Kaiser Karl VI. und Kaiserin Maria Theresia mit aller Gewalt unterdrückt wurde. Als alle Maßnahmen zur Ausmerzung dieses lutherischen „Irrglaubens" fehlschlugen, entschlossen sich die Regenten zur Verbannung der Protestanten an die Peripherie ihres Reiches im fernen Siebenbürgen, wo ihnen, als Nachbarn der protestantischen Siebenbürger Sachsen, die freie Ausübung ihres Glaubens zugesichert wurde. Zwischen 1734 und 1776 wurden in 48 Transporten mehr als 3000 sogenannte Transmigranten in die Gegend von Hermannstadt verbracht (Buchinger 1980). Die letzten Nachkommen dieser Verbannten, die seit dem 19. Jahrhundert „Landler" (= aus dem Land ob der Enns) genannt werden, leben heute in einigen wenigen Dörfern Siebenbürgens; die meisten haben wie die Siebenbürger Sachsen inzwischen den Weg nach Österreich oder in die Bundesrepublik Deutschland gefunden (Girtler 1997).

Eine kleine Gruppe dieser Zwangsumgesiedelten aus Kärnten entdeckte nach ihrer Ankunft in Siebenbürgen 1755 ihre Glaubensverwandtschaft mit den in Alwintz ansässigen Hutterern und schloß sich ihnen an. Innerhalb der großen Deportationsbewegung war dies zwar nur eine kleine Randepisode und betraf nach Buchinger (1980, S. 417) insgesamt lediglich 42 Personen, dennoch hat diese „Blutauffrischung" nach über einhundert Jahren der Not und Verfolgung bei den Hutterern bis heute sichtbare Spuren hinterlassen, z. B. in den Familiennamen, in der Mundart und auch in manchen Kochrezepten.

Die zugesicherte Religionsfreiheit galt für die Dissidenten nur kurze Zeit. Neue Verfolgungen setzten alsbald ein und zwangen die Gemeinde zur Errichtung einer Zweiggemeinde in Deutschkreuz (1762) und unter dem wachsenden Druck der kirchlichen und weltlichen Obrigkeit schließlich zur gemeinsamen Flucht in die Walachei (heutiges Rumänien). Sie ging im Herbst 1767 vonstatten und führte die aus 67 Seelen bestehende Gruppe über die Karpaten in die Nähe von Bukarest, damals eine Kleinstadt von ca. 6000 Einwohnern. Nach der Überwinterung in primitiven Erdhütten scheiterte der sofort mit viel Tatkraft begonnene Ansiedlungsversuch in der Walachei nach dreieinhalb Jahren an dem 1768 ausgebrochenen Russisch-Türkischen Krieg, der die Hutterer stark in Mitleidenschaft zog. 1770 machten sie sich mit ungewissem Ziel auf gen Norden, um den Kriegswirren zu entgehen. Der Zufall wollte es, daß ein russisch-kaiserlicher Feldmarschall, Graf Peter Romancov, auf die Flüchtigen aufmerksam wurde und ihnen auf seinem Besitz in Wischinsk an der Desna, ca. 190 km nordöstlich von Kiew, Siedlungsland und obendrein einen attraktiven Vertrag mit freier Religionsausübung und Befreiung vom Kriegsdienst anbot (Chr. II, S. 324 f.). Nach einer beschwerlichen Reise erreichte das nur mehr kleine Völkchen seinen Bestimmungsort, und *„war man doch wohl zufrieden und vergnüget und danket Gott, daß man wieder ein Örtlein hätte, da wir in Ruhe und Frieden sicher möchten wohnen"* (Chr. II, S. 327). An diesem Ort, den die Hutterer in ihrer Chronik Wischenka nannten, verblieben sie knapp 32 Jahre, stellten die Gütergemeinschaft unter sich wieder her und errichteten auf den gräflichen Besitzungen eine Art Mustergut mit Schule, Werkstätten, Küche und Obstgarten, welches bei auswärtigen Besuchern bald Bewunderung hervorrief.

Es war die Zeit, in der auch zahlreiche westpreußische Mennoniten als Siedler in die Ukraine kamen; einige von ihnen sowie eine beachtliche Zahl von Nachzüglern aus der Slowakei und aus Siebenbürgen schlossen sich dem Bruderhof an.

Im Jahre 1802 mußte nach Beendigung des privaten Pachtvertrages der Siedlungsplatz gewechselt werden: Der neue Ort lag auf Kronland 16 km nördlich von Wischenka ebenfalls am Fluß Desna und hieß Radičev (hutt. Raditschewa). Den neuerbauten Bruderhof bewohnten 44 Familien mit insgesamt 202 Seelen. Die jüngere Chronik berichtet: *„Es wurde alles, wie es das liebliche und schöne Werk der Gemeinschaft erfordert, eingerichtet, das unsere Vorfahren einem Bienenstock verglichen haben: Eine Kleine und Große Schul samt Lehrstuben wurden nach bewährtem, alten Muster gegründet und die Werkstätten angelegt, als Weber-, Hafner-, Schneider-, Schuster-, Drechsler-, Huter-, Gerber-, Spinn- und Besenbinderstuben; eine Schmiede, ein Wasch- und Backhaus sowie eine Eßstuben waren bald fertiggestellt, desgleichen auch eine Kindsmütterstuben"* (Chr. II, S. 411 f.). Anfangs war für alle Bedürfnisse gut gesorgt, aber allmählich machte es sich nachteilig bemerkbar, daß dem Hof zuwenig Land zugeteilt worden war. Die Vorsteher versäumten es zudem, eine neue Tochtersiedlung zu gründen, so daß die Kolonie zu verarmen begann und sich Schwierigkeiten bei der Zuteilung von Ehegatten einstellten. Innere Zwistigkeiten führten zudem zu einer Teilung der Siedlung, und ein Teil der Siedlung wurde 1819 bei einer Brandkatastrophe vernichtet. Daraufhin entschloß man sich, die Gütergemeinschaft aufzuheben und den Besitz aufzuteilen. Auch dies erwies sich als keine dauerhafte Lösung, so daß als Ultima ratio eine erneute Umsiedlung in die Nähe der neuen Mennonitensiedlungen im Süden der Ukraine ins Auge gefaßt wurde. Es dauerte bis 1842, ehe diese letzte Migration auf europäischem Boden in die Tat umgesetzt wurde. Das Verdienst, mit dieser Aktion den Fortbestand der hutterischen Gemeinschaft gesichert zu haben, kommt dem mennonitischen Agrarpolitiker Johann Cornies (1789–1848) zu. Er leitete die Umsiedlungsaktion und die

Gründung von Huttertal südwestlich von Melitopol in der Nähe des mennonitischen Molotschna-Siedlungsgebietes. Cornies, erfolgreichster Kolonist unter den rußlanddeutschen Mennoniten und Bevollmächtigter der Mennonitengemeinden, brachte die Hutterer dazu, moderne landwirtschaftliche Anbaumethoden anzuwenden, was zu dem Ergebnis führte, daß die junge Kolonie Huttertal schnell prosperierte und in rascher Folge vier Tochterkolonien ausbilden konnte. Bei diesen teilweise über 100 Kilometer voneinander entfernt liegenden Siedlungen handelte es sich um Dörfer, die sich äußerlich in nichts von den mennonitischen Ansiedlungen unterschieden. Aber nach einer Reihe von Jahren fanden zwei der Prediger beim Studium der hutterischen Quellen und durch Visionen den Weg zurück zu der neutestamentlichen Gütergemeinschaft und erreichten es, daß sich nach 1859 ein Teil der Bewohner in zwei der Dörfer der Gemeinschaftsbewegung anschloß. Die Kommunen benannten sich nach ihren Gründern: die Schmiedeleut nach Michael Waldner (hutt. Schmied-Michel) und die Dariusleut nach Darius Walther. Beide Gruppen wurden wenig später zu den Keimzellen der hutterischen Bewegung in Nordamerika, wo sich als dritte Gruppe noch die der Lehrerleut hinzugesellte.

Die Hutterer in der Neuen Welt

Der Anlaß für die Auswanderung der Hutterer nach Nordamerika ist in folgender Passage in der jüngeren hutterischen Geschichtschronik zusammengefaßt:

„Auf Grund einer neuen Innenpolitik des Russischen Reiches, die das Ziel einer durchgreifenden Russifizierung zu erreichen versuchte, wurde im Jahr 1870 ein Ukas [Erlaß] *von Kaiser Alexander II. proklamiert: die Zeit der früheren großzügigen Begünstigungen und Sonderprivilegien der Kolonisten sei vorüber;* [...] *die russische Sprache sei von jetzt an die offizielle Sprache im lokalen Gebietsamt und sie sei als Pflichtfach in allen Schulen einzuführen; alle deutschen Schulen seien der Aufsicht des kaiserlichen Erziehungsministeriums unterstellt; die Befreiung von der Militärdienstpflicht sei hiermit widerrufen; den Kolonisten sei ein Zeitraum von zehn Jahren zugemessen, in dem sie sich an die neue Verordnung anzupassen hätten; nach dieser Frist seien sie den vollberechtigten russischen Bürgern in jeder Beziehung, in ihren Rechten und Pflichten, gleichzuschalten"* (Chr. II, S. 453).

Die Aufhebung der Privilegien traf die in Rußland ansässigen Hutterer wie Mennoniten gleichermaßen. So versuchten sie denn auch gemeinsam, beim Zarenhof auf ihre Rechte zu pochen und die Rücknahme der folgenreichen Beschlüsse zu erreichen. Ihre Delegierten erklärten sich sogar dazu bereit, um der Beibehaltung ihrer Sonderrechte willen nach Russisch-Turkestan oder ins Amurgebiet weiterzuwandern: Sie stießen auf taube Ohren. Jetzt wurden weitere Siedlungsgebiete als mögliche Auswanderungsländer diskutiert: Neuseeland, Südamerika, aber vor allem Nordamerika, wo seit 1683 eine deutsch-mennonitische Gemeinde in Germantown bei Philadelphia und darüber hinaus zahlreiche weitere täuferische Siedlungen bestanden. Die Bereitschaft ihrer Mitglieder, bei der Übersiedlung in die Neue Welt Hilfe zu leisten, gab den Ausschlag. 1873 machten sich zehn Vertreter der südrussischen Mennoniten und zwei Abgesandte der hutterischen Gemeinden auf den Weg nach Nordamerika, um die Möglichkeiten einer Übersiedlung zu sondieren.

Der Vorteil der auswanderungswilligen Täufer aus Rußland bestand zum einen darin, daß ihnen der Ruf ausgezeichneter Landwirte vorauseilte, so daß sie bei den amerikanischen Einwanderungsbehörden gute Ansiedlungsbedingungen aushandeln konnten. Zum anderen trafen die Kundschafter überall auf ihrer ausgedehnten Rundreise durch den mittleren Westen der Vereinigten Staaten auf Glaubensverwandte, die ihnen mit Rat und Tat zur Seite standen. Es ist wichtig, darauf hinzuweisen, daß sich die USA auch schon vorher als tolerantes Aufnahmeland für Glaubensflüchtlinge bewährt hatten. Die Hutterer waren keineswegs die ersten Immigranten, die auf amerikanischem Boden eine Siedlung mit Gütergemeinschaft errichten wollten. Im Jahre 1803 war Georg Rapp mit den Anhängern seiner württembergischen Separatisten-Bewegung nach Amerika ausgewandert und hatte 1814 die Siedlung Harmony in Indiana gegründet, in der das Privateigentum aufgehoben war (Pitzer/Elliott 1979). Seit 1842 war die ebenfalls aus Deutschland stammende Amana-Gemeinde in den USA ansässig geworden, die ihre erste kommunistische Gemeinde bei Buffalo errichtet hatte und später nach Iowa weiterwanderte, wo ihre Nachkommen bis heute leben (Shambaugh 1988). Die Rappisten und die Amaniter unterstützten die Hutterer bei ihrer Ansiedlung in South Dakota durch Darlehen und wichtige Ratschläge beim Landerwerb tatkräftig (Liefmann 1922, S. 74; Chr. II, S. 461–463).

Die Übersiedlung der Hutterer aus Südrußland nach dem amerikanischen Westen ging in mehreren Etappen in den Jahren 1874 bis 1877 vor sich. Die erste Neugründung eines Bruderhofes auf amerikanischem Boden fand im August 1874 unter dem Vorsteher Michael Waldner in South Dakota statt: Der Bon-Homme-Bruderhof wurde die Mutterkolonie der sogenannten Schmiedeleut. Im Frühjahr 1875 gründete der Vorsteher Darius Walther am James River den Wolf-Creek-Bruderhof, der zum Ausgangspunkt der Siedlungstätigkeit der Dariusleut werden sollte. Der dritte hutterische Bruderhof in South Dakota, Old Elmspring, entstand im Juli 1877 und wurde zur Mutterkolonie der Lehrerleut, so genannt, weil ihr erster Prediger, Jakob Wipf, in Rußland eine Lehrerausbildung absolviert hatte. Durch die erhaltenen Schiffslisten (vgl. Hofer/Walter 1975, S. 64–95) läßt sich der Umfang der Migration ziemlich genau absehen. Schätzungsweise lebten in den fünf hutterischen Dörfern in der Molotschna ca. 1200 Menschen. Mit Ausnahme von fünf Familien schlossen sich alle Siedler den verschiedenen Trecks nach Amerika an. Allerdings gingen davon nur etwa zwei Drittel in die neugegründeten Bruderhöfe und setzten die seit 1859 erneuerte Gütergemeinschaft in der Neuen Welt fort. Der Rest von ca. 400 Personen ließ sich in South Dakota in der Nähe der Bruderhöfe auf Regierungsland nieder, das durch den *Homestead Act* zur Besiedlung freigegeben worden war. Die Mitglieder der Bruderhöfe nennen diese Siedler, die „im Eigentum" leben, Prärieleut. Anfangs waren die Kontakte zu ihnen noch sehr eng, aber da sich die weitere Siedlungstätigkeit der Hutterer schnell von South Dakota wegbewegte, gingen die Verbindungen allmählich verloren; die anfänglich noch üblichen Heiraten wurden später unterbunden. Die freien Siedler näherten sich ihrerseits den Mennoniten an und sind heute praktisch in deren Kirche aufgegangen. Die deutsche Sprache ist unter ihnen längst verschwunden, und nur noch die deutsch-hutterischen Familiennamen erinnern an ihre Herkunft. Allerdings existiert durchaus noch ein Geschichtsbewußtsein, was sich am 100. Jahrestag der Auswanderung 1974 in der Enthüllung einer Gedenktafel in Freeman, South Dakota, sowie in der Herausgabe einer Gedenkschrift ausdrückte (Hofer/Walter 1975).

Die Anfangsjahre in Amerika werden in den Quellen allgemein als sehr schwer beschrieben. Aber andererseits fühlten sich die Hutterer an den selbstgewählten Siedlungsplätzen, die viel Ähnlichkeit mit den ukrainischen Steppen aufwiesen, fast wie zu Hause. Das Klima im James River Valley, in welchem sich die Siedlungstätigkeit der Hutterer zunächst konzentrierte, stellte die Siedler vor viele neue Probleme: Hochwasser im Frühjahr, Trockenheit, Heuschreckenschwärme, Raupenplage, Blizzards im Sommer, Mißernten im Herbst, eisiger Frost und Schneestürme im Winter. Unter diesen widrigen Umständen bewährte sich aufs neue der Pioniergeist der Hutterer, zumal sie an ihren letzten Siedlungsplätzen in der Ukraine bereits Erfahrung mit Großlandwirtschaft und Agrartechnik gesammelt hatten. In Amerika blieb ihnen nur die Alternative, auf den eben für die Besiedlung geöffneten Prärien mit den modernsten Mitteln den Erfolg in der Landwirtschaft und Viehzucht zu suchen, um ihren Familien das Überleben zu sichern. Die Rückkehr zu der Technikfeindlichkeit ihrer Glaubensbrüder und -schwestern, der Amishen in Pennsylvania und Iowa, stand im letzten Drittel des 19. Jahrhunderts im amerikanischen Mittelwesten nicht mehr zur Debatte. Ohne Zögern schlossen die Hutterer deshalb den historischen Kompromiß mit der Technik.

Die vier Jahrzehnte zwischen 1874 und 1914 waren der produktiven Aufbauarbeit gewidmet. Die Kolonien lernten es schnell, sich den Erfordernissen des amerikanischen Marktes anzupassen. Die handwerkliche Produktion verlor an Bedeutung, an ihre Stelle traten landwirtschaftliche und Gartenprodukte. Die Huttererhöfe wurden bekannt für ihr Gemüse, für Federvieh und Federn, für Webereien, Schuhe und Besen. Die von mehreren Kolonien betriebenen Wassermühlen am James River erfreuten sich bei den *local farmers* (örtlichen Bauern) eines regen Zuspruchs. Am Vorabend des Zweiten Weltkrieges waren aus den drei Mutterkolonien insgesamt 19 Höfe geworden, davon lagen 17 in South Dakota und zwei in Montana. Die Bevölkerungszahl hatte sich mit ca. 2000 Mitgliedern innerhalb einer Generation fast um das Sechsfache erhöht.

Die günstige Entwicklung wurde durch den Eintritt der Vereinigten Staaten in den Krieg jäh unterbrochen. Wie so oft in ihrer Geschichte mußten die Bruderhöfler eine neue Periode der Verteufelung und Verfolgung durchstehen. Schuld daran war ihr angebliches „Deutschtum". Nun waren die Hutterer zwar alles andere als Deutsche. Niemand unter ihnen war in Deutschland geboren, dieses Land hatten sie nur kurz bei der Durchreise auf dem Weg nach Übersee gesehen und als fremd empfunden. Ihre Sprache war nicht Deutsch, sondern Bairisch-Österreichisch. Das Hauptproblem bestand darin, daß ihre Mitglieder den Kriegsdienst verweigerten. Die von einem irrationalen Schub von Nationalismus und Intoleranz heimgesuchte lokale Öffentlichkeit erregte sich in ihrem grenzenlosen Haß gegen alles Deutsche über die Insassen dieser höchst verdächtigen Siedlungen abseits der großen Straßen. Wilde Gerüchte machten die Runde: z. B. daß die Hutterer in ihren Mühlen zerstampftes Glas unter das Mehl mischten. Bei einem Überfall auf den Bon-Homme-Bruderhof wurde Vieh im Wert von 40000 $ weggetrieben, ein anderes Mal wurde der Weinkeller der Kolonie geplündert. Am schlimmsten erging es aber den etwa 50 jungen hutterischen Leuten im Alter zwischen 21 und 31 Jahren, die in Militärcamps zum Dienst mit der Waffe und zum Anlegen von Militäruniformen gezwungen werden sollten. Da sie sich standhaft weigerten, landeten die meisten von ihnen in Militärgefängnissen und mußten dort teilweise entsetzliche Qualen ausstehen. Einige von ihnen haben ihre Erlebnisse in Tagebuchform niedergelegt. Als Manuskript vervielfältigt, kursieren sie noch heute auf den Huttererkolonien und halten die Erinnerung an die bisher letzte Verfolgungswelle wach. Das Brüderpaar Joseph und Michael Hofer aus dem Rockport-Bruderhof in South Dakota wurde zu 20 Jahren Kerkerhaft verurteilt und im berüchtigten Zuchthaus auf der Insel Alcatraz festgehalten; im November 1918 sind die beiden in Fort Leavenworth in Kansas aufgrund weiterer Mißhandlungen verstorben. Nach 300 Jahren hatte die hutterische Bewegung erneut zwei Blutzeugen zu beklagen (Chr. II, S. 484).

Dadurch war für die Hutterer in den Vereinigten Staaten kein Bleiben mehr. Die jüngere hutterische Chronik faßt die Konsequenzen dieser dramatischen Vorgänge wie folgt zusammen: *„Diese Ereignisse zersprengten den sprichwörtlichen allzu straff gespannten Bogen der hutterischen Langmut und veranlaßten die meisten hutterischen Gemeinden, sich nach neuen Wohnstätten umzusehen und ihre Ländereien mit Verlust zu verkaufen. Mit dem Erlös und den 15 500 Dollars, die in Kriegsanleihen angelegt worden waren, beabsichtigten z. B. die Jamesville-Brüder, sich jenseits der amerikanischen Grenze, in Alberta, Kanada, anzusiedeln. Als sie die Kriegsanleihen in der Bank anforderten, wurde die Entdeckung gemacht, daß eine Kriegsanleihe im Werte von 500 Dollars verschwunden war. – Die Folge der Auszugsbewegung zwischen den Jahren 1918 und 1925 war, daß im Jahre 1925 von den früheren siebzehn Bruderhöfen nur noch zwei in South Dakota seßhaft waren. Die anderen hatten sich, nachdem sie sich etwa 44 Jahre in South Dakota aufgehalten hatten, nach Kanada gewandt, wo ihnen reicher Segen erblühte; denn heute (1947) finden sich über 40 Bruderhöfe in Alberta, wenigstens 18 in Manitoba, während die Anzahl der Gemeinden in South Dakota mittlerweile wieder auf acht gestiegen ist“* (Chr. II, S. 487 f.).

Kanada wurde somit zum neuen „gelobten Land" der Hutterer. Die kanadische Regierung hatte sich bereits bei der Einwanderung nach 1874 um die Ansiedlung der Hutterer bemüht und nahm die Migranten jetzt mit offenen Armen auf, zumal sie nicht als Arme kamen und in der Lage waren, an ihren neuen Siedlungsplätzen kräftig zu investieren und die lokale Wirtschaft zu beleben. Erneut mußten die Hutterer schwierige Zeiten überstehen und sich den Anforderungen des kanadischen *dry-land farming* stellen. Kaum lagen die Mühsale der Wiederansiedlung hinter ihnen, brachten die *dirty thirties* mit der Weltwirtschaftskrise schwere Belastungen mit sich. Aber nach dieser schlimmen Zeit ging es mit den Hutterern weiter aufwärts, die aufgegebenen Höfe in South Dakota wurden teilweise zurückgekauft und neu besiedelt, und weitere amerikanische und kanadische Bundesstaaten im Westen wurden in die Siedlungstätigkeit einbezogen: Montana (seit 1947), Saskatchewan (seit 1953), Minnesota (seit 1958), Washington, (seit 1960), North Dakota (seit 1961). Die diskriminierenden Vorgänge von 1918 wiederholten sich im Zweiten Weltkrieg nicht, da die Militärbehörden bei der Behandlung von Angehörigen religiöser Gruppen größeres Fingerspitzengefühl an den Tag legten. Insgesamt 276 COs (*conscentious objectors* = Kriegsdienstverweigerer) aus den USA und Kanada leisteten in dieser Zeit Zivildienst, und zum großen Kummer mancher Kolonien traten 26 hutterische Männer in den aktiven Militärdienst, ein sichtbares Zeichen für die wachsende Integration der Hutterer in die Gesellschaft ihrer jeweiligen Gastländer.

Die Aufwärtstendenz der hutterischen Bewegung hielt auch nach dem Krieg unvermindert an. Trotz der restriktiven Politik der einzelnen Bundesstaaten bezüglich der Zuteilung von Land haben es die Hutterer verstanden, ihre expansive Siedlungspolitik erfolgreich weiterzuverfolgen und die Prärieprovinzen im Westen des nordamerikanischen Kontinents mit einem Netz von *colonies* zu überziehen. Schwerpunkt der Niederlassung sind die südlichen Landesteile von Manitoba und Alberta, aber auch in Saskatchewan und South Dakota ist die Anzahl der Bruderhöfe in den letzten 40 Jahren stetig gestiegen. Nach einer Bestandsaufnahme aus dem Jahre 1981 (Gross 1985, 67 f.) hatten die
- Dariusleut 98 Kolonien
- Lehrerleut 83 Kolonien
- Schmiedeleut 112 Kolonien.

Die hutterische Gesamtbevölkerung betrug damals 21 828 Seelen in 247 Kolonien, was einer Durchschnittszahl von 88,37 Einwohnern pro Kolonie entsprach.
Bis 1997 hat sich die Anzahl der Kolonien folgendermaßen weiterentwickelt:
- Dariusleut 144 Kolonien
- Lehrerleut 118 Kolonien
- Schmiedeleut (geschätzt) 120 Kolonien.

Legt man die Bevölkerungszahl pro Kolonie der letzten Erhebung zugrunde, so dürften auf den heute ca. 382 hutterischen Kolonien ca. 33 600 Menschen ansässig sein.

Diese Zahl ist in Relation zu sehen zu den ca. 450 Einwanderern, die nach 1874 in den USA in einer der drei Mutterkolonien lebten. Die erstaunliche Vermehrung der hutterischen Bevölkerung hat vielen Anthropologen immer wieder Rätsel aufgegeben. Allerdings gibt es zunehmend Anzeichen dafür, daß aus verschiedenen Gründen in der jüngeren Entwicklung die hohen Zuwachsraten von über 4 Prozent auf ca. 2, 91 Prozent pro Jahr gesunken sind und weiterhin fallende Tendenz aufweisen (Peter 1987, S. 152 ff.).

Aus dem vielfältigen ethnischen Mosaik der nordamerikanischen Prärieprovinzen sind die *Hutterites* heute jedenfalls nicht mehr wegzudenken, und aufgrund ihrer Produktivität stellen sie nicht zuletzt einen beachtlichen Wirtschaftsfaktor dar, der allgemein anerkannt wird. Die hutterischen Bruderhöfe sind deshalb vielfach das Ziel von Besuchern aus dem In- und Ausland, die sich über die Effizienz heutiger Agrartechnologie informieren wollen und die Siedlungen als eine Art landwirtschaftlicher Musterhöfe begreifen. Für solche Besucher sind der religiöse Hintergrund und die Gütergemeinschaft der Hutterer ohne Belang. Die zweithäufigste Besuchergruppe sind Touristen mit ihrem vordergründigen Interesse an den Wohn- und Arbeitsstätten der Hutterer, ihrer „Tracht", Mundart und ihren Handarbeiten. Aber auch dieses Interesse reicht meistens nicht bis zu den religiösen Wurzeln der Täufer, ihrer Leidensgeschichte und ihrer Kultur. Um mehr darüber zu erfahren, reichen keine Stippvisite und auch kein Kurzaufenthalt von wenigen Stunden oder Tagen, sondern nur das teilnehmende und handelnde Mitleben, wie es der Autor dieses Buches während seines Forschungsprojektes in Kanada praktiziert hat.

Annäherung an das Feld

In den siebziger Jahren herrschte unter der Regierung von Pierre Trudeau in Kanada ein sehr günstiges Klima für die Multikulturalismus-Forschung. Mein kanadischer Kollege Robert B. Klymasz hatte mich beim Kongreß der International Union of Anthropological and Ethnological Sciences in Chicago 1972 für ein entsprechendes Programm des National Museum of Man in Ottawa angeworben. Ich wurde Stipendiat des Museums und war von meinem deutschen Forschungsinstitut zwischen 1975 und 1982 zu vier längeren Forschungsaufenthalten im westlichen Kanada beurlaubt. Meine Aufgabe bestand darin, bei Bevölkerungsgruppen deutscher bzw. deutschsprachiger Herkunft Feldforschung zu betreiben und während dieser Tätigkeit Materialien für das National Museum of Man in Ottawa zusammenzutragen. Erwünscht waren Erzeugnisse der materiellen Kultur dieser Bevölkerungsgruppen für den Aufbau der Schausammlungen des Museums (dafür stand ein Sachetat zur Verfügung) ebenso wie Tonbandzeugnisse für den Ausbau des Folklore-Archivs. Als Zielgebiet für meine Forschungen wählte ich mit Saskatchewan die mittlere der drei Prärieprovinzen, da sie unter allen kanadischen Provinzen mit ca. 10 Prozent den bedeutendsten Anteil an Siedlern deutscher Herkunft aufzuweisen hat. Meine erste Reise führte mich im Sommer und Herbst 1975 zu den rußlanddeutschen Mennoniten im Saskatchewan Valley, d. h. jenem Dreieck, welches von dem North und South Saskatchewan River nördlich von Saskatoon gebildet wird. In den kleineren Provinzstädten sah ich häufig hutterische Familien beim Einkaufen. In Saskatoon gehörten die schwarzgekleideten Hutterer fast zum Stadtbild, zumal sie an den Samstagen einen Verkaufsstand auf dem Wochenmarkt unterhielten. Während meines Forschungsaufenthaltes war ich oft bei mennonitischen Farmern zu Gast, in deren Nähe sich hutterische Bruderhöfe befanden. So war es mir leicht möglich, mit meinen Gastgebern als Besucher auf die eine oder andere hutterische Farm zu kommen, wo wir als Nachbarn stets freundliche Aufnahme fanden und zu einer *Scholn Kaffee* eingeladen wurden. Damals entstand der Gedanke, beim nächsten Aufenthalt in Kanada eine hutterische Kolonie als Forschungsfeld zu wählen.

Die Gelegenheit dazu bot sich 1977 anläßlich meiner Teilnahme an einem Life History Project des National Museum Ottawa, das mir wiederum einen längeren Studienaufenthalt im kanadischen Westen ermöglichte. Ausgangspunkt war der Besuch bei einem mennonitischen Farmer in Osler, Saskatchewan, der zu einer hutterischen Kolonie jenseits des South Saskatchewan River freundschaftliche Beziehungen unterhielt und mich an einem Junitag auf der Kolonie einführte, die ich von einem Tagesbesuch im Jahre 1975 bereits kannte. Auch einige der hutterischen Kinder erinnerten sich noch an meine kurze Visite. Im Haus des Predigers trug ich mein Anliegen vor, für einige Zeit auf der Kolonie wohnen und leben zu dürfen. Der Prediger, zufällig im gleichen Alter wie ich, wiegte zunächst bedächtig sein Haupt und meinte, ein solches Ansuchen sei ihm noch nie vorgekommen, und er könne es nicht alleine entscheiden. Ob ich denn überhaupt an Farmarbeit gewöhnt sei? Als mein Begleiter dies lebhaft bestätigte (mein praktischer Ernteeinsatz auf mehreren mennonitischen Farmen war 1975 sogar zum Thema von Zeitungsberichten geworden), meinte der Prediger abschließend, das müsse das *Stiebel* (die Versammlung) entscheiden, und er werde am nächsten Sonntag nach der Lehr *die Zultbriedr* (Amtsträger) *sitzn lossn*. Beim Abschied hatte ich das Gefühl, bei ihm und seiner Familie nicht den schlechtesten Eindruck gemacht zu haben. Trotzdem wurden die drei Tage zu einer spannenden Wartezeit für mich, denn Erfolg oder Mißerfolg meiner Mission hing von der Entscheidung im *Stiebel* ab.

Ich nutzte die Tage, um meine Gedanken zu sortieren und zusammenzutragen, was ich über die Hutterer bereits wußte.

Anhand der beiden hutterischen Chronikwerke (Chr. I und II) sowie der älteren Veröffentlichungen von Beck (1883), Wolkan (1918) und Horsch (1931) hatte ich mich bereits hinreichend über die Geschichte der hutterischen Gemeinschaft informiert und eigene Fragestellungen entwickelt. Meine Vorüberlegungen kreisten wie bei allen neueren Studien, die ich später kennenlernte, um die Frage, welche Vorzüge es sind, die immer neuen Generationen das Dasein auf einem hutterischen Bruderhof lebenswert erscheinen lassen, und wie es zu erklären ist, daß das Prinzip der Gütergemeinschaft seit 450 Jahren bei den Hutterern funktioniert, ja sogar zweimal nach jahrzehntelanger Unterbrechung neu eingeführt werden konnte. Welche Überlebensstrategien waren es, so wollte ich weiter fragen, die dieser Gruppe erlaubten, unter den verschiedensten politischen Systemen in Europa und Amerika, unter völlig unterschiedlichen geographischen, klimatischen und wirtschaftlichen Bedingungen als klar definierbare ethnische Einheit zu existieren und sich in unglaublicher Weise auszubreiten. Um Antworten auf diese Fragen zu finden, mußte ich das System von innen heraus kennenlernen, es möglichst vorurteilsfrei *er*leben. Durch den vorausgegangenen Forschungsaufenthalt in der Nähe der Hutterer waren mir bereits viele der Vorurteile bekannt geworden, mit denen die kanadische Bevölkerung im Westen auf die Anwesenheit der Hutterer reagiert hat. Saskatchewan ist als letzte der drei Prärieprovinzen von dem hutterischen Zustrom erfaßt worden, und die Reaktionen der einheimischen Bevölkerung auf das ungewohnt fremde Element in der ethnischen Landschaft waren entsprechend heftig und mitunter aggressiv. Selbst meine mennonitischen Gastgeber, die sich eigentlich durch das Prinzip der Erwachsenentaufe den Hutterern stark verwandt fühlen müßten, fanden meine Idee – auf einer Kolonie mitzuleben – sehr seltsam.

Grund dafür waren die Vorurteile, die auch sie wie viele andere dieser Bevölkerungsgruppe entgegenbrachten. Eine kleine Sammlung davon will ich hier zusammenstellen, mit dem ausdrücklichen Hinweis darauf, daß ich mich mit keinem davon identifiziere und kein einziges davon je bestätigt gefunden habe:

- Die Hutterer seien ein Fremdkörper im Land und schwer zu integrieren. Dies könne man schon daran ablesen, daß sie an ihren Schulen nicht die kanadische Flagge hissen und sich weigern, die Nationalhymne zu singen.
- Sie seien Schmarotzer der Gesellschaft, weil sie nicht an Wahlen teilnehmen, keine öffentlichen Ämter bekleiden und keinerlei Verantwortung in ihrem Gemeindebezirk übernehmen.
- Sie schädigten die lokale Wirtschaft, indem sie alles nur im Großhandel und in großen Quantitäten einkauften und massiv die Preise drückten.
- Die Hutterer zahlten stets nur in bar und seien durch ihre *cash*-Mentalität in der Lage, jeden Konkurrenten auszustechen. Dies gelte insbesondere bei Grundstückskäufen.
- Die Hutterer kauften jedes verfügbare Land auf, im nächsten Jahrhundert werde ihnen einmal ganz Kanada gehören.
- Mit ihrer Großlandwirtschaft und der Zusammenarbeit der Kolonien untereinander unterminierten sie das kanadische Einzelfarmsystem.
- Die Hutterer seien keine verläßlichen Nachbarn. Tagsüber gäben sie sich als hilfsbereit, nachts trieben sie ihre Schweine in das Getreide der Nachbarn.
- Vor den hutterischen Kindern sei nichts sicher. Besonders nachts trieben sie gern Unfug mit dem landwirtschaftlichen Gerät, das die benachbarten Farmer auf den Feldern stehen ließen.
- Das hutterische System der Gütergemeinschaft komme aus Rußland und sei im Grunde kommunistisch.
- Noch nie habe ein Bruderhof in Nordamerika ein neues Mitglied aufgenommen. Um Inzucht unter ihnen zu vermeiden, würden die Hutterer von Zeit zu Zeit junge kanadische Männer auf ihre Kolonien einladen, um ihre jungen Frauen zu schwängern und dadurch ihr Blut aufzufrischen.
- Bei den Hutterern sei es erlaubt, daß ein Bruder seine Schwester heiratet.
- Alle Hutterer seien Kaufhausdiebe.

Dies sind fürwahr schlimme Vorurteile, aber sie sind in ihrer Feindseligkeit sozialpsychologisch auch leicht zu erklären: Wer wie die Hutterer seine Siedlungsplätze weit abseits der geschlossenen Siedlungen, fern von den Nachbarn und von den Durchgangsstraßen wählt, sich durch sein religiöses Leben, seine eigene Sprache und Kleidung bewußt von der Gastgesellschaft absondert, der nimmt solche Vorurteile in Kauf und kann in der selbstgewählten Isolation wenig dagegen tun (vgl. die Studie von Flint 1975, der als kanadischer Pädagoge zum Abbau der Hutterer-Stereotypen beitragen wollte). Beim Studium der hutterischen Geschichte fällt auf, daß sich manche dieser Vorurteile weit zurückverfolgen lassen. Wir erinnern uns daran, daß bereits in der mährischen Siedlungsperiode an der Wende vom 16. zum 17. Jahrhundert die Nachbarn der Hutterer mit Neid und Mißgunst auf den Reichtum reagiert haben, der in den Haushaben angeblich angehäuft worden sei. Besonders die Jesuiten haben sich damals im Ausstreuen von bösartigen Gerüchten über die Hutterer hervorgetan (vgl. Fischer 1607). Wer in Kanada heute als Urheber hinter den bösen Nachreden steckt, läßt sich schwer ermitteln. Ich habe später festgestellt, daß die Voreingenommenheit und Intoleranz gegenüber den Hutterern gewöhnlich bei denen zu Hause ist, die noch niemals mit dieser Bevölkerungsgruppe zu tun hatten und ihre Informationen über sie auf indirektem Wege empfangen haben. Die direkten Nachbarn oder Geschäftspartner der Hutterer würden solche Feindseligkeit oder Engstirnigkeit in der Beurteilung ihrer Mitmenschen weit von sich weisen und unterhalten in aller Regel freundnachbarliche Verhältnisse zu ihnen.

Meine Erwartungen und meine Unruhe am Vorabend der Entscheidung waren nicht zuletzt wegen dieser Widersprüche in der Beurteilung der Hutterer durch die Außenwelt entsprechend groß. Am Sonntagnachmittag kam dann der erlösende Anruf des Predigers: „Wir wollen es einmal mit dir versuchen! Du kannst für vier Wochen zu uns kommen.“

Erste Eindrücke

Die Riverview Colony, die für die nächste Zeit meine Heimat werden sollte, liegt in einer Flußniederung direkt am South Saskatchewan River, ca. 20 km von Saskatoon entfernt. Die normale Zufahrtsstraße ist eine der vielen kanadischen *Gravel Roads* (Schotterstraßen). Sie zweigt von der Hauptstraße Saskatoon–Humboldt ab und endet als *Dead End* (Sackgasse) an der Kolonie. Da ich mit meinem Leihwagen vom anderen Flußufer anreiste, nahm ich die *Clarksborough* Fähre über den *Saskatchewan River* und näherte mich auf einem Feldweg „von hinten" der Kolonie an. Was Tage zuvor in Begleitung des mennonitischen Farmers völlig problemlos war, erwies sich nach starken Regenfällen als eine echte Herausforderung. Der rechts und links von Gräben begleitete Fahrweg war mit Pfützen besät und glitschig wie eine Eisbahn, dutzende Male war ich in Gefahr, in den *ditch* (Straßengraben) abzugleiten, meine Spur im Schlamm glich einer Schlangenlinie, für die paar Kilometer brauchte ich Stunden, und als ich endlich dreckbespritzt an der Einfahrt zur Colony aufkreuzte, wurde ich von einigen Männern, die beim Heuabladen beschäftigt waren, mit großem Hallo begrüßt. Natürlich wußten alle schon von dem *Deitschländer*, der bei ihnen zu Gast sein sollte, und alle waren sich einig, daß die Zufahrt zur Farm von der Fähre nach diesem Regen eigentlich unpassierbar war, und sie lobten mich für den Mut, die Strecke trotzdem geschafft zu haben *(Car treibn konn er!)*.

Da der Prediger nicht zu Hause war, wurde ich von seinem jüngsten Sohn Chris (14) ins Haus gebracht, in dem ich wohnen sollte: Es war das Haus des Predigers, was – wie mir bald

Abb. 1: Riverview Colony. Blick von Süden gegen die jenseitige Uferböschung des South Saskatchewan River. Im Vordergrund die Schule mit dem Privatwagen des englischen Schullehrers; das Gebäude gegenüber enthält Küche und Eßsäle für Erwachsene und Kinder. Rechts und links um die große Wiese sind die vier Wohnbauten angeordnet.

klar wurde – einer großen Ehre gleichkam. Anschließend nahm mich Chris mit auf einen ersten Rundgang durch den Hof. Das Zentrum von Riverview wird durch sechs Gebäude gebildet, die rechtwinklig um einen fußballfeldgroßen Rasen angeordnet sind: an den Stirnseiten im Norden die Küche mit den Speisesälen, im Süden die Schule, die gleichzeitig als Kirche dient, an den Längsseiten im Osten und Westen vier symmetrisch angeordnete einstöckige Wohngebäude ohne Unterkellerung (Abb. 1). Jedes der vier Wohnhäuser enthält ähnlich wie ein Reihenhaus zwei Wohneinheiten mit einem Vorder- und einem Hintereingang. Jeder Wohneinheit ist in einigem Abstand ein *Waschhaisel* zugeordnet, in welchem sich Bad und Toilette befinden. Dieses Gebäudeensemble ist das Herzstück der Kolonie, und ich habe diese Struktur später auf vielen anderen Kolonien mehr oder weniger ähnlich oder in Anpassung an die jeweiligen topographischen Gegebenheiten leicht verändert

Abb. 2. Der Friedhof *(Totengartn)* auf Riverview Colony. Früher waren auf hutterischen Friedhöfen nur schlichte Grabhügel üblich. Grabsteine gibt es erst seit den siebziger Jahren.

vorgefunden. Riverview schien mir dabei immer die „ideale" Anlage zu sein, was wahrscheinlich damit zusammenhängt, daß man die Kolonie von den umgebenden Hügeln herab bequem überschauen kann, was bei den meisten Kolonien in der handtuchflachen Ebene nicht möglich ist. Auch Hostetler (1974, S. 155) hat Riverview bei der Vorstellung eines hutterischen Siedlungsplanes in seinem Buch den Vorzug gegeben.

Der zentrale Wohnplatz ist von einem Kranz von Wirtschaftsgebäuden umgeben, die durch Wege oder Pfade sinnvoll miteinander verbunden sind. Jeder Wohneinheit ist zunächst eine Sommerküche zugeordnet, in der Nähe der Wohnungen befinden sich der Kindergarten *(klane Schul)* und das Waschhaus *(Waschhaisel)*, die Buchbinderwerkstatt, das eingezäunte Bienenhaus *(Beiehaisel)* und die Schuhmacherwerkstatt *(Schusterhaisel)*. Weiter weg liegen auf der östlichen Seite die Schmiede, die Garage mit Kraftfahrzeugwerkstatt, die Schweineställe, die Gänse- und Entenpferche, die Getreidesilos, der alte Pferdestall, verschiedene Scheunen, das Schlachthaus und der Kartoffelkeller *(root cellar)*, oben am Hügelrand der Friedhof *(Totengartn)* (Abb. 2). Auf der westlichen Seite schließen sich an den zentralen Platz an: Futtersilo, Kuhstall, Pferdestall und Hühnerstall sowie eine neuerrichtete große Halle zum Abstellen von landwirtschaftlichem Gerät. Dahinter erstreckt sich bis zum Flußufer der riesige Gemüsegarten, der aus dem Fluß künstlich bewässert werden kann. Der gesamte Landbesitz der Kolonie beträgt, so erfahre ich, 8500 *acres* (1 *acre* = 40,5 a). Riverview nennt demnach eine gewaltige Landmasse von 34 425 ha sein eigen, das sind, auf deutsche Verhältnisse übertragen, mehr als 120 000 Morgen Land. Allerdings ist davon nicht alles Land unter dem Pflug; allein 3000 *acres* auf den Höhen entlang dem Flußufer sind *badlands* und dienen dem *ranch cattle* (Ödland-Vieh) als Weideland. Das bedeutet u. a., daß die Hutterer auf ihrer Farm kilometerlange Weidezäune in Ordnung zu halten haben. Mir genügten diese Informationen fürs erste. Ich war tief beeindruckt von den Dimensionen, der Größe des Besitzes und der Menge des landwirtschaftlichen Geräts, den blitzsauberen Ställen und Werkstätten, der imponierenden Ordnung, die überall herrschte, und von der freundlichen Begrüßung, der ich überall teilhaftig wurde, wo ich Mitgliedern der Kolonie begegnete. Da ich grundsätzlich Deutsch mit ihnen zu sprechen versuchte, bemühten sich alle ebenfalls, Hochdeutsch mit mir zu sprechen, aber ich bemerkte sofort, daß ihnen für das moderne Farmgerät die deutschen Wörter fehlten und sie dafür in reichem Maß englische Ausdrücke benutzten (*„Unsre Monnsleit hobn heit trouble ghob mit dr Sour von der kitchen“* = Unsere Männer hatten heute Probleme mit dem Abwasser von der Küche). Untereinander sprachen sie natürlich ihren hutterischen Dialekt, von dem ich anfangs wenig verstand. Ich nahm mir sofort vor, ihn zu lernen und mit der Anlage eines Wörterbuchs zu beginnen.

Der Informationsgang endete schließlich wieder beim Wohnhaus, wohin der Prediger von seiner Fahrt in die Stadt inzwischen zurückgekehrt war. Er begrüßte mich im Beisein seiner Familie etwas förmlich und wies mir dann mein „Haus" zu, in welchem ich wohnen und schlafen würde. Es war ein geräumiges Zimmer mit großem Bett, Truhe und Schreibtisch mit hellblau gestrichenen Wänden ohne jeglichen Schmuck. Unter Lachen und Witzeleien ging es danach an den Akt meiner Einkleidung. Ich hatte von vornherein klargemacht, daß ich äußerlich einer der ihren werden wollte und Wert darauf legte, hutterische Kleidung zu tragen. Damit sicherte ich mir viele Sympathien, denn die „englische" Kleidung, die außerhalb der Bruderhöfe getragen wird, gilt in ihren Augen als die wertvollere. Wer freiwillig darauf verzichtet und das bescheidene hutterische Gewand anlegt, „demütigt" sich in ihren Augen, macht sich damit auch die einfache Lebensart der Gruppe zu eigen. Aus einer Vorratstruhe (die Hutterer kennen keine Schränke!) erhielt ich eine Grundausstattung an Kleidung und Schuhen für die Arbeit und den Alltag. Einen Sonntagsanzug wollte mir die Schwester des Predigers schneidern, nachdem ich in der Stadt den dafür nötigen Stoff besorgt hatte. An die Kleidung mußte ich mich erst gewöhnen. Es gab daran keine Knöpfe oder Reißverschlüsse, sondern nur Haken und Ösen. Ich war nämlich bei den in diesen Dingen sehr konservativen Dariusleut gelandet. Wegen der Haken und Ösen werden sie draußen auch *hook and eye people* genannt.

Die Initiation in den hutterischen *way of life* war damit noch keineswegs abgeschlossen. Als Gast war ich zwar nicht in die Gütergemeinschaft aufgenommen, hatte mich aber für die Dauer meiner Anwesenheit dem Prinzip der Eigentumslosigkeit zu beugen: Dies bedeutete, daß mein Bargeld und meine Schecks in die *Almer* (= Wandschrank) des Predigers wanderten und dort unter Verschluß genommen wurden. Michael Stahl meinte, daß ich auf der Kolonie ohnehin kein Geld benötigte und ich damit unter Umständen nur Unheil stiften würde. Von Stund an mußte ich mich somit auch an ein Leben ohne Geldbörse gewöhnen. Allerdings wurde mir in

Abb. 3: Riverview Colony. Das Buchbinderhandwerk hat auf den hutterischen Bruderhöfen eine lange Tradition. Michael Stahl hat u. a. eine Buchbinderlehre absolviert, findet aber als Prediger nur noch selten Zeit, dieses Handwerk auszuüben. Er kann Ledereinbände mit Stempeln und Messingbeschlägen herstellen, die wie Renaissanceeinbände aussehen.

Aussicht gestellt, daß ich jeweils am ersten Samstag im Monat ein Zehrgeld in Höhe von zwei Dollar zu erwarten habe. Schließlich wurde mir noch eröffnet, daß ich als temporäres Mitglied auch darauf verzichten müsse, mich zu rasieren. Ein verheirateter Mann (der ich war) muß bei den Hutterern einen Bart tragen, um auch äußerlich als verheiratet kenntlich zu sein und nicht etwa begehrliche Blicke von hutterischen *Dienen* (Mädchen) auf sich zu ziehen. Am Ende wurde mir bedeutet, daß ich bei der nächsten Gelegenheit meinen Leihwagen in Saskatoon zurückzugeben habe, und ich wurde zur Arbeit „verordnet", d. h., es wurde mir für die kommenden Wochen ein Betätigungsfeld zugewiesen. Alle wußten, daß ich im Auftrag des Museums in Ottawa Forschungsarbeiten durchführen wollte, deshalb wurde mir der notwendige Freiraum zugestanden, um mich auf dem Hof frei zu bewegen, jeden zu besuchen und mit jedem zu sprechen; darüber hinaus aber gab es ein festes Betätigungsfeld: Ich sollte den Prediger und die Predigerfamilie bei den ihnen zugewiesenen Arbeiten unterstützen und entlasten. Die Riverview Colony hatte nämlich im gleichen Jahr die Hälfte ihrer Bevölkerung an eine neugegründete Tochterkolonie in Quill Lake abgegeben und bestand zum Zeitpunkt meines Eintritts nur noch aus zwölf Familien und 57 Mitgliedern, davon waren ca. 30 schulpflichtige Kinder. Erwachsene Arbeitskräfte waren also Mangelware, so daß mein Eintritt exakt zum richtigen Zeitpunkt erfolgte und man meine Bereitschaft zur Mithilfe dankbar begrüßte. Zu meinen festen täglichen Arbeiten sollten gehören: Fürsorge fürs Federvieh (Gänse und Enten füttern, den Hühnerstall überwachen, nachmittags die Eier ausnehmen und verpacken) Unterstützung des Predigers bei der Bienenzucht und beim Buchbinden (Abb. 3). Als mich die Familie nach allen diesen neuen Eindrücken in mein Zimmer entließ, lag einer der aufregendsten Tage meines Lebens hinter mir, und das Abendlied des Predigers begleitete mich in den Schlaf.

Am nächsten Morgen wurde ich um 7.30 Uhr von der Glocke geweckt und schritt zu meinem ersten Frühstück im gemeinsamen Speiseraum. Mein Platz war an einer langen Tafel an der Männerseite, und zu meiner Überraschung mußte ich ziemlich weit oben sitzen, denn die Sitzordnung sah vor, daß die Mitglieder dem Alter nach Platz nahmen, und ich gehörte offenbar schon zu den Senioren. Es gab Spiegeleier, Käse, Lauch, Brot, Butter und Honig, dazu Milch, Tee oder Kaffee. Die Frauen trugen auf, und wenn jemand von den Männern einen Wunsch hatte, klopfte er mit dem Messer gegen den Tellerrand und wurde von der Frauenseite (Abb. 4) her bedient. Gleich bei der ersten Mahlzeit fiel mir auf, daß die Essensreste und Abfälle nicht auf den Tellerrand, sondern auf die Kunststoffplatte des Tisches gelegt und später von den Frauen abgeräumt wurden. Es kostete mich lange große Überwindung, es meinen Tischgenossen gleichzutun. Aber es nutzte nichts: Selbst wenn ich Eierschalen oder Wursthaut noch so kunstvoll am Tellerrand plazierte, beim Abräumen wurde der Teller von der Aufwärterin ganz selbstverständlich umgedreht und auf den Tisch entleert.

Abb. 4: Die Frauenseite im Speisesaal der Leask Colony. Bei der Tischordnung wird auf strenge Altershierarchie und Geschlechtertrennung geachtet. Fotografieren im Speisesaal wird im allgemeinen nicht gerne gesehen. Die Aufnahme entstand bei einem Polterabend *(Hulba)*, bei dem schon einmal eine Ausnahme geduldet wird. Bei Gottesdiensten wäre eine solche Aufnahme nicht denkbar.

Der erste halbe Arbeitstag gehörte zu den schwersten, die ich je bei meinen verschiedenen Aufenthalten erlebt habe. Alle Mitglieder der Stahl-Familie im arbeitsfähigen Alter einschließlich zweier Schwestern und eines Bruders des Predigers, insgesamt sechs Personen, versammelten sich im *Beiehaisl,* um die erste Honigernte des Jahres einzubringen, den berühmten Rapshonig von den goldgelb blühenden Rapsfeldern der Kolonie (Abb. 5). Dazu mußte das Häuschen auf eine Temperatur von ca. 60° C aufgeheizt werden. Zunächst wurden mit einem elektrischen Gerät *(capper)* die Wachskappen von den Waben entfernt. Sodann wanderten die geöffneten Waben in die Zentrifuge (hergestellt von einem mennonitischen Unternehmer), worin der Honig aus den Waben herausgeschleudert wurde, um durch ein Sieb in Fässer zu fließen, von wo er in Eimer umgefüllt wurde. Anlieferung und Ab-

Abb. 5: Riverview Colony. Neben vielen anderen Tätigkeiten übt der Prediger Michael Stahl auch die Imkerei aus. Hier prüft er im eingefriedeten Garten neben dem Bienenhaus *(Beiehaisl)* den Honigeintrag der aus Kalifornien bezogenen Bienenvölker.

transport der Waben, Feuern des Ofens, Abfüllen des Honigs in Gläser und Tetrapaks war eine höchst schweißtreibende Angelegenheit – für mich zugleich eine erste Bewährungsprobe unter schwierigen Arbeitsbedingungen. Zugleich erfuhr ich einiges über die hutterische Bienenzucht. Die Hutterer sind eigentlich keine Bienenzüchter, sondern im Grunde nur „Honigproduzenten". Sie kaufen im Frühsommer Bienenbrut aus

Kalifornien und setzen sie in ihre Brutkästen mit Plastik-Wabenmustern *(patterns)*. Die Brutkästen enthalten an den beiden Außenseiten je zwei Waben mit altem Honig. Aus den neun vorhandenen Bienenständen kann in guten Jahren bis zu dreimal geerntet werden. Die Völker überwintern nicht auf der Kolonie, sondern werden bei der letzten Ernte mit Gas getötet und in jedem Frühjahr per *mail order* (Postbestellung) aus Kalifornien neu angekauft. Ich konnte mich mit diesem Verfahren nicht anfreunden. Das Ergebnis des Tages waren 1200 Pfund Honig (bei den Hutterern muß man sich an große Dimensionen gewöhnen!). Ich erinnere mich aber noch gut an die Erleichterung, als der Prediger zum Abschluß der schweren Arbeit allen Beteiligten ein Glas Rhabarberwein ausschenkte und ich anschließend unter dem kalten Wasser die klebrigen Reste des Honigs abwaschen konnte. Und als der Honig am nächsten Tag in den Gefäßen steif geworden war, erlebte ich zum ersten Mal hautnah, was Gütergemeinschaft und Selbstversorgung bedeuten: Der Honig wurde, nachdem etwa ein Drittel für die Zwecke der Küche und des Wochenmarktverkaufs abgezweigt worden war, gleichmäßig unter die Familien der Kolonie verteilt, und zu meinem Erstaunen erhielt ich ebenfalls ein Kilo davon. Mir wurde bedeutet, daß der Honig den Familien für die Mahlzeit am Sonntagnachmittag dient, dem einzigen Essen, das nicht gemeinschaftlich, sondern im Familienkreis zu Hause eingenommen wird. Der Rapshonig der Hutterer ist auf dem Wochenmarkt in Saskatoon sehr begehrt und erbringt jährlich über 500 $ an Einnahmen.

Am Spätnachmittag nahm ich an meinem ersten hutterischen *Gebet* teil: So heißt die Andacht, zu der sich in der Kirche alle diejenigen einstellen, die von der Arbeit abkömmlich sind, meistens Frauen. Von Haus zu Haus wurde die Kunde weitergetragen: „Es wird Gebet sein." Für die Teilnehmerinnen und Teilnehmer bedeutete dies, daß sie sich dafür richten mußten: Die Frauen legten ein sauberes *Fiertiech* (Schürze) um, die Männer bürsteten ihre Jacke aus. Ein jüngeres Mitglied jeder Familie bezog an der vorderen Eingangstür Posten und paßte den Augenblick ab, als der Prediger an der Spitze seiner Familie sein Haus verließ, um quer über den Rasen zur Kirche zu gehen. Dies war das Zeichen für die übrigen Familien, sich anzuschließen. Auf den Schmiedeleutkolonien ist an die Stelle dieses lautlosen visuellen Signals der sogenannte *first call* getreten, ein kurzes Glockenzeichen, das die Mitglieder zum Gebet zusammenruft.

Das Gebet dauert etwa eine halbe Stunde; es beginnt mit einem vom Prediger „angesagten" Lied, daran schließt sich der aus einem handgeschriebenen Buch vorgelesene Predigttext an, zum Schluß folgt das eigentliche Gebet, bei dem die Teilnehmer auf dem Fußboden knien. Mein erstes Gebet hat mich verständlicherweise sehr beeindruckt: das schlichte und völlig schmucklose Ambiente des Schulsaales, der altertümliche Gesangsstil, bei dem die Gemeinde Zeile um Zeile des angesagten geistlichen Liedes zuerst hört und dann wiedergibt, die hohen Diskantstimmen der Frauen, das altertümliche barocke Predigthutterisch, der Singsang des Gebets. Besonders die akustischen Eindrücke waren für mich als Liedforscher geradezu eine Sensation: Ein völlig neues Forschungsfeld tat sich hier vor mir auf. Zugleich mußte ich aber an der Beschaffenheit meiner Kniescheiben feststellen, daß sie für das lange Verweilen auf dem Holzfußboden noch nicht vorbereitet waren.

Zu meinem täglichen Pflichtprogramm gehörte von nun an die morgendliche Inspektion des gesamten Federviehs: Die 700 Gänse und 1200 Enten auf zwei großen Weiden (Abb. 6) unterhalb des Totengartens machten am wenigsten Arbeit, sie erhielten einmal am Tage ihr Kraftfutter und begrüßten mich bald wie einen alten Bekannten. Ihr Bleiben auf der Kolonie war (wie das meine) auf ein halbes Jahr begrenzt, danach wanderten sie in den Kochtopf oder die Tiefkühltruhe. Die *hatcher* (künftige Leghennen) und *broiler*, die unter künstlicher Beleuchtung im fensterlosen Aufzuchthaus ihrem Schicksal als Eierproduzenten oder *Kentucky Fried Chicken* entgegensahen, waren ebenfalls pflegeleicht. Fütterung, Beleuchtung und Temperaturregelung erfolgten automatisch, so daß meine Aufgaben im täglichen *checkup* und in der Beseiti-

Abb. 6: Riverview Colony. Daniel Tschetter besorgt am Morgen das Futter für die 700köpfige Gänseherde.

gung der Opfer dieser Massentortur bestanden. Von anderen Dimensionen war dagegen der Leghennenstall mit hundert Meter Länge und einer Population von zweimal 5000 Tieren. Was ich hier kennenlernte, war das Prinzip der Massentierhaltung in Legebatterien mit automatischer Fütterung, ein Wirtschaftszweig, der auf Riverview neben der Schweinezucht zu den einträglichsten Einnahmequellen überhaupt gehörte. Ich konnte mich mit dieser Versklavung von Tieren zu keinem Zeitpunkt anfreunden, aber ich war nicht gekommen, um über das Farmsystem der Hutterer zu richten, sondern es in seiner Funktionsweise kennenzulernen. Hier war die seltene Gelegenheit, es zu tun. Mit einer Eierproduktion von täglich ca. 7000 Stück erbrachte dieser Zweig in dem ersten Jahr, in dem ich auf der Kolonie weilte, Einnahmen in Höhe von 138 900 $. Der Futterweizen zur Ernährung der Tiere wurde auf dem Hof selbst erzeugt, hinzugekauft wurden gemahlene Muscheln und ein Futterkonzentrat. Die Eier wurden zweimal in der Woche an *Star Eggs* in Saskatoon geliefert, wo das Waschen, Sortieren und Verpacken erfolgte.

Die Aufgabe der Familie Stahl und ihres neuen Gastmitglieds bestand darin, die Eier tagtäglich von Hand einzusammeln, auf Eierpappen zu sortieren, in Kisten zu verpacken und ins Kühlhaus zu bringen, was je nach Zahl der Helfer ca. zwei Stunden erforderte. Die älteren Kinder begaben sich sofort nach Schulschluß zum Hühnerhaus, um *„d'Ale auszunehmen"*. Die Oberaufsicht führten entweder Vater oder Mutter Stahl, aber nach kurzer Zeit wuchs mir diese verantwortliche Tätigkeit zu, die nicht nur darin bestand, Unfug und Eierbruch einzudämmen, sondern selbst beim Aufklauben der Eier mit gutem Beispiel voranzugehen. Der Vorteil dieser Betätigung bestand darin, daß ich ein- bis zweimal pro Woche in Begleitung des Predigers mit dem Eier*van* (Lieferwagen) in die Stadt fahren konnte. So hatte ich regelmäßig Zugang zu Zeitungen und Literatur, soweit mein Zehrgeld dazu ausreichte. Außerdem wurden einmal wöchentlich die Privatkunden von Riverview mit Eiern beliefert, was mir viele Kontakte einbrachte und Gelegenheit zu zahlreichen Gesprächen gab. Die meisten dieser Menschen waren sich darüber einig, daß die Hutterer das beste Leben auf der ganzen Welt führen, weil es bei ihnen keine Zwietracht, keinen Besitzneid, keine Kriminalität, keine Arbeitslosigkeit usw. gebe. Und sie beneideten mich, daß ich dieses Leben von innen her kennenlernen konnte, wo sie die Kolonie doch meistens nur von flüchtigen Besuchen oder Bildern her kannten. Durch diese Urteile wurde meine These bestätigt, daß sich die Vorurteile über die Hutterer vorzugsweise bei denen halten, die über keinerlei Kontakte und direkte Informationen über die Gruppe verfügen.

Die Ordnung des Alltags

Wer mich um mein Dasein als Hutterer beneidete, hatte recht. Das Mitleben auf der Kolonie erwies sich von Tag zu Tag immer mehr als ein Glücksfall. Mit der wachsenden Aufenthaltsdauer fielen die täglichen Sorgen des früheren Lebens immer mehr von mir ab. Es gab außer der täglichen Routine, an die man sich schnell gewöhnte, keinerlei Termindruck, keine Manuskripte fertigzustellen, Korrekturen zu lesen, Vorträge vorzubereiten oder Studenten zu betreuen, nichts, was mich am intensiven Miterleben der neuen Wirklichkeit gehindert hätte. Schnell wuchs ich in die neue Ordnung hinein. Auf der Kolonie konnte ich täglich Neues entdecken. Ich beginne meine Annäherung aber von außen, von der Natur her, in die die Kolonie eingebettet ist. Direkt vor den Toren lag die Weite des kanadischen Graslandes; ich brauchte mich nur wenige hundert Meter von den Farmgebäuden wegzubewegen und war mit Gottes freier Natur auf der *gently rolling prairie* (sanft gewelltem Grasland) Kanadas allein. Nicht alles Land war unter dem Pflug, entlang des Flusses gab es weite Strecken mit felsenbesätem, unberührtem Busch- und Grasland, wo es zahlreiche Wildpflanzen und -tiere zu beobachten gab, z.B. Murmeltiere, Stachelschweine, Skunks und vor allem Wildvögel (Gänse, Enten, Möwen, Pelikane usw.). Bei meinen Wanderungen über die Ebene fand ich einen historischen *Buffalo Rubbing Stone* (Büffelreibstein), einen von der Eiszeit rundgeschliffenen Findling, an welchem bis zum 19. Jahrhundert die Büffel ihr Winterfell abschabten, was rund um den Felsen einen tiefen Graben hinterlassen hat. Auf dem Hof hatte bisher niemand von der Existenz dieses Naturdenkmals Notiz genommen. Am Steilufer des Saskatchewan River, dort wo die Indianer im vorigen Jahrhundert die Büffelherden zusammentrieben, fand ich zwei Pfeilspitzen. Die größte Freude machte mir als Wassermanngeborenem der tief in die Prärie eingegrabene Saskatchewan River selbst: ein Stück völlig unberührter Natur mit einem *Wild Life* wie aus dem Bilderbuch. Viele Stunden habe ich dort unter dem blauen kanadischen Himmel bei Wildbeobachtungen zugebracht, habe den Bibern beim Bauen zugeschaut und immer aufs neue über die fast unerschöpfliche Vielfalt der Vogelwelt gestaunt. An Jagen war nicht zu denken, da die Hutterer als überzeugte Pazifisten den Gebrauch der Waffe auch für Jagdzwecke ablehnen. Aber sie hatten nichts gegen das Fischen einzuwenden, so daß das in meinem Gepäck befindliche Angelgerät bald erfolgreiche Dienste tun sollte. Anfangs hatte ich keinerlei Erfolg und mußte mir bei der Heimkehr vom Fluß oft den Spottvers der Frauen gefallen lassen: „Die Jäger und die Fischer, die haben leere Tischer." Das glasklare Wasser des Flusses enthielt in den Schilfzonen im Uferbereich aber erstaunlich viele und große Hechte *(pikes)*, die mit einiger Geduld besonders in den Nachmittags- und Abendstunden mit großen Blinkern oder Wobblern zum Biß gereizt werden konnten. In der Küche waren meine Beiträge zur Bereicherung des Speisezettels von nun an gerne gesehen, zumal kaum einer der Männer der Kolonie (und schon gar nicht die Frauen!) Spaß an diesem Hobby hatte. Man kann sich meine Enttäuschung vorstellen, als sich bei meinem nächsten Aufenthalt zwei Jahre später das gesamte Flußsystem des South Saskatchewan River als mit Quecksilber verseucht erwies. Die Regierung hatte daraufhin den Fluß zur *Fishing for Fun Area* (Gebiet für Freizeitfischer) erklärt und warnte dringend vor dem Genuß der Fische. Weitere drei Jahre später hatte der Fluß keinen einzigen angelbaren Fisch mehr aufzuweisen!

Meine Gastfamilie gewöhnte sich schnell an mein Vorhandensein und integrierte mich zunehmend in alle ihre Aktivitäten. Michael und Sarah Stahl hatten acht Kinder, die alle noch mit im Haus lebten. Die älteste, Helen (21), war schon getauft und hatte bereits einen *boyfriend* in einer Dariusleutkolonie im südlichen Saskatchewan, den sie 1980 heiratete. Franz, Dora und Chris hatten die Schule absolviert und waren, wie die Hutterer sagen, *bei Leit*, d. h., sie aßen im Speiseraum bei den Erwachsenen und waren voll in die verschiedenen Arbeitsprozesse integriert, Franz bei den Pferden, Chris bei den Schweinen, Dora im Garten. Die vier jüngsten Töchter Martha, Judith, Bertha und Hilda gingen noch zur Schule und standen den Eltern bei der Besorgung des Hühnerstalles zur Seite.

Enge Kontakte ergaben sich auch schnell zu dem Vater des Predigers, dem *Olvettr* Michael J. Stahl, und den drei Geschwistern Susanna, Rachel und Jakob. Susanna war *Klanschulmutter* und zusammen mit Helen die mit Abstand beste Sängerin der Kolonie, Rachel war Köchin und Jakob der „Schweinemensch", der mit 150 *saw operation* (Mutterschweinen) und einem Ertrag von etwa 35 schlachtreifen Schweinen pro Woche den Löwenanteil an den jährlichen Einkünften der Kolonie erwirtschaftete: ca. 175 000 $. Ich begleitete ihn einmal bei einer Lieferung in die Großschlachterei und sah, wie die Tiere am Fließband starben und ausgenommen wurden. Ich war daraufhin viele Tage nicht mehr in der Lage, Schweinefleisch zu essen.

Von den gelegentlichen Ausflügen in die Stadt oder auf Nachbarfarmen abgesehen, verbrachte ich die Tage auf der Kolonie. Die Vormittage hatte ich eigentlich zur freien Verfügung, aber mehr und mehr gewöhnte ich mir an, auch hier nach Mitwirkungsmöglichkeiten bei den gemeinsamen Arbeiten der Männer oder Frauen zu suchen, um Kontakte zu haben und die hutterische Sprache üben zu können. Als dann endlich die lange Regenperiode vorbei war und die Heuernte anstand, wurde ohnehin jede Hand gebraucht, und ich fand mich für viele Tage auf dem Feld wieder, um mit Uralt-Traktoren, die für diesen Zweck gerade noch gut genug waren, das Heu zu schneiden und zu wenden, bevor es mit den großen *bailern* (Heuerntemaschinen) zu Ballen geformt und in die Scheunen gebracht wurde. Für einen Schreibtisch- und Großstadtmenschen waren das abenteuerliche, aber auch tief befriedigende Tage, an denen man des Abends mit dem Ge-

Abb. 7: Leask Colony. Die Gemeindemitglieder im Sonntagsstaat auf dem Weg zur *Sonntagslehr.* Im Unterschied zu Riverview sind die Wege auf diesem Hof schon betoniert.

fühl zu Bett ging, wirklich sinnvolle und sichtbare Arbeit geleistet zu haben.

Besonders beeindruckend waren für mich auch die ersten Sonntage, die ich auf Riverview verbrachte. Bei den Hutterern ist der Sonntag wirklich noch der Tag des Herrn, d. h. der Arbeitsruhe. Abweichend von den Werktagen ruft die Glocke an diesem Tag erst um halb acht zum Aufstehen und um acht Uhr zum Frühstück. Direkt vom Frühstück geht die Gemeinde zur *Sonntagslehr,* die von halb neun Uhr bis zehn Uhr dauert (Abb. 7). Alle erscheinen im Sonntagsstaat, die Frauen im Sonntagskleid mit frisch gebügeltem *Fiertiech* (Schürze) und einem besonderen Kopftuch, die Männer in schwarzem Anzug und weißem Hemd, die jüngeren mit glänzend gebürsteten Cowboystiefeln und *gesteilten* Hüten.

Die *Lehr* ist am Sonntag folgendermaßen aufgebaut: Zunächst wird ein Lied mit einem jahreszeitlichen Bezug angesagt, danach folgen die Vorrede von einer halben Stunde Dauer und das Gebet, das im Knien verrichtet wird; nach der

Abb. 8: Weinkeller der Hodgeville Colony, Saskatchewan. In den Fässern lagern mehrere Jahrgänge Wein, der aus der einheimischen Weichselkirsche *(choke cherry)* gewonnen wird, die nicht überall in Sakatchewan gedeiht. Heute widmen sich nicht mehr viele hutterische Kolonien mit so viel Sorgfalt der Weinherstellung.

Schriftlesung, bei der die Gemeinde steht, schließt sich die eigentliche Sonntagspredigt mit einer Dauer von einer weiteren halben Stunde an, und zum Schluß wird das eingangs angesagte Lied zu Ende gesungen. Der Prediger, die Zultbrüder und die männlichen Gemeindemitglieder verlassen die Kirche als erste, dann folgen die Frauen und Mädchen. Man begibt sich in die Häuser oder setzt sich auf die Hinterbänke, um ein Glas Bier oder Wein zu trinken. Alkoholgenuß in Maßen ist den Hutterern nicht untersagt: Jesus hat bei der Hochzeit zu Kana Wasser in Wein verwandelt und beim letzten Abendmahl s elbst aus dem Becher getrunken. Die Kolonien stellen aus Rhabarber, Ananas oder *choke cherries* (Weichselkirschen) selbst schmackhaften Wein her, der bei besonderen Gelegenheiten in kleinen Portionen ausgeschenkt wird (Abb. 8). Ich hätte nie gedacht, welche belebenden Wirkungen das berühmte „winzige Schlöckchen" nach längerer Abstinenz entfalten kann.

Abb. 9: Sonntagmorgen auf der Riverview Colony. Die Männer im Sonntagsstaat haben nach der Kirche in ihren Häusern einen kleinen Drink zu sich genommen und begeben sich zum traditionellen Entenessen in den Speisesaal. Vor dem Gebäude ist die vom alten Schmied Peter Tschetter aus Autofelgen hergestellte Glocke zu sehen.

Bald nach zehn Uhr ruft die Glocke zum Sonntagsessen in den Speisesaal (Abb. 9). Der hutterische *Sunndich* ist auch vom Essen her gesehen ein Festtag. Das traditionelle Sonntagsmahl bei den Hutterern ist Ente, und da ich u. a. für das Wohlergehen der 1200 Enten auf der Weide zuständig war, mußte ich mir manche Anspielung gefallen lassen. Die Enten wurden in der Küche zunächst im Wasserbad gar gekocht, der Sud ergab eine schmackhafte Nudelsuppe, die beim Sonntagsmahl als Vorspeise serviert wurde. Aus dem Sud wanderten die Enten in den Grill, von wo sie knusprig gebraten auf den Tisch kamen: Jeweils zwei Esser teilten sich ein Tier, dazu wurde Gemüse und *Zwieback* (Weißbrot) gereicht, und wem dies noch nicht genügte, der konnte sich am Ende auch noch am Kompott laben. Wenn gegen Ende des Sommers die Vorräte an tiefgefrorenen Enten zur Neige gehen, wird am Sonntag Hähnchen oder Gans serviert, auf jeden Fall Geflügel. Was Wunder, daß die Hutterer bei einer solchen Ernährung durchweg wohlgenährt ausschauen. Viele neigen zur Korpulenz, weil sie nach dem Grundsatz leben, daß wer schwer arbeitet, auch gut essen müsse, dabei aber vergessen, daß sie im Unterschied zu ihren Großvätern die schwere Arbeit meist nicht mehr selbst verrichten, sondern ihren Maschinen überlassen.

Nach dem Mittagessen begaben sich alle, jung und alt, zum Mittagsschlaf in die Häuser, die ohnehin meist friedlich daliegende Kolonie wurde in dieser Zeit noch um einen Grad stiller. Wehe dem Fremden, der es um diese Zeit gewagt hätte, den Mittagsfrieden zu stören! Gegen halb zwei erwachte der Hof dann wieder aus dem Schlaf, die Jugendlichen mußten zur Sonntagsschule, die Alten gingen zu den Nachbarn *spazieren*. Um halb vier war nochmals ein halbstündiges Gebet, woran sich ein kalter *Lunch* anschloß. Danach zogen sich diejenigen, die in den Ställen eine Arbeit zu verrichten hatten, um und taten ihre *chores* (Pflichtarbeit). Am Sonntagabend gab es kein gemeinsames Abendessen; jede Familie hielt das Nachtmahl bei sich zu Hause und benutzte dafür eigene Vorräte oder kalte Reste aus der Küche.

Da beim Gang durch das Sonntagsprogramm viel vom Essen die Rede war, ist dies der geeignete Platz, um noch einige zusätzliche Worte über die Nahrungskultur der Hutterer anzuschließen. Aus der Tatsache, daß es sonntags Geflügel geben *muß*, spricht bereits die Traditionsorientiertheit der hutterischen Küche. Grundsätzlich gibt es keine Speisetabus, auch Fastenzeiten der anderen Kirchen werden bei ihnen nicht beachtet. Aber es gibt durchaus einige feste Regeln. Dem Grundsatz der Selbstversorgung folgend, werden alle Speisen möglichst aus eigenen Vorräten und Produkten hergestellt, d. h. es gibt sehr viel Fleisch, Kartoffeln und Gemüse und wenig Obst und Salate. Das Gekochte rangiert also vor dem Rohen. Das Nahrungswesen orientiert sich gewissermaßen an der historischen Vorratswirtschaft und ist konservativ, was auch bedeutet, daß Innovationen aus der nordamerikanischen Küche nur zögernd in das Speiseangebot Einzug halten, bisher höchstens in Form von Hamburgern und Pommes frites. Ich war Zeuge, wie Susanna und Rachel Stahl es zum ersten Mal in der Geschichte der Riverview Colony wagten, eine Pizza auf den Tisch zu bringen; die Reaktionen darauf waren geteilt. Während die Alten diese Neuerung zurückwiesen oder bemäkelten, waren die Jungen am unteren Ende der Tafel begeistert, obwohl der Teig viel zu hoch gegangen und die Auflagen viel zu reichlich bemessen waren. Das Experiment war gescheitert, Pizza habe ich nie wieder zu Gesicht bekommen. Ähnlich verhielt es sich mit den *Cornflakes* zum Frühstück, die beim ersten Versuch der Einführung auf breite Ablehnung stießen. Das alpenländische und osteuropäische Erbe in der hutterischen Küche war in einer Reihe von traditionellen Gerichten noch deutlich vertreten. Hierzu zählte vor allem der auch bei den Mennoniten sehr verbreitete *Blutsche-Borscht* (Gemüsesuppe), dann die *Samstich-Wurst* (Wurst aus drei Teilen Schwein und einem Teil Rind). In einem bestimmten Rhythmus gab es sehr europäisch klingende Suppen wie *Nuckele-Suppe* (Suppe mit Eierstich), *Gritzsuppe, Strankelsuppe* (Suppe mit grünen Bohnen), *Zuckerstrankelsuppe* (Suppe mit grünen Erbsen), *Kartoffelsuppe.* Als althutterisch registrierte ich ferner eine Reihe von Mehlspeisen wie *Kartoffelknedel, geschmelzte Nudeln* und *Maultaschen* sowie verschiedene Formen des in Fett gebackenen Krapfens mit unterschiedlichen Füllungen: *Fleischkrapfen, Mohnkrapfen, Schutenkrapfen* (mit Käse gefüllt). Obwohl das Backen von Brot, Brötchen und Kuchen heute in modernen Elektroöfen erfolgt, haben sich noch einige alte Rezepte erhalten. Wenn nach dem Schweineschlachten frisches *Griebenschmalz* verfügbar war, konnte man damit rechnen, daß es bald danach *Griebenfleck* geben würde, eine dünne Waffelart, die mit Marmelade bestrichen köstlich schmeckte. Manchmal wurde auch aus Hefeteig eine spezielle Art von Brötchen hergestellt, die sogenannten *Wuchtich,* die genauso aussahen, wie sie heißen, und mit ihrer Haube aus Sahne, Mehl und Zucker eine echte Kalorienbombe darstellten. Nach der Ernte setzte schon sehr früh Anfang Oktober die Weihnachtsbäcke-

Abb. 10: Riverview Colony. Für die Sonnenblumenernte haben die Hutterer zum raschen Austrag der Samen ein eigenes Gerät entwickelt: eine mit Gumminoppen besetzte, rotierende Walze, die optimale Ergebnisse liefert. Judith Stahl ist mit viel Ernst bei der Sache.

rei ein, wobei auf den einzelnen Kolonien eine große Vielfalt an Formen und Rezepten zu beobachten war.

Da in den kanadischen Prärien mit ihren eiskalten Wintertemperaturen keine Obstbäume gedeihen, kam frisches Obst nur selten und nur dann auf den Tisch, wenn im Großhandel ein billiges Sonderangebot zu erhalten war. Das meiste davon wurde dann sofort der hauseigenen Konservenfabrik zugeführt (vgl. Abb. 24 S. 95). Ähnlich verhielt es sich mit Fisch; ich habe es einmal erlebt, daß durch Zufall günstig eine Partie Pazifik-Lachs gekauft werden konnte und es daraufhin Lachssteak gab. Ansonsten sorgten nur meine eigenen

Abb. 11: Leask Colony. Justina und Rebecca Wollman nutzen den Wind an der sogenannten Russischen Drehmaschine, d. h. beim Trennen der guten und tauben Sonnenblumenkerne.

Fänge aus dem *Reber* (Fluß) für Abwechslung auf dem Fischsektor.

Die Mitteilung über Nahrungstraditionen wäre unvollständig, erwähnte ich nicht die gerösteten Sonnenblumenkerne, die jeder Hutterer ständig in seinen Taschen mit sich herumtrug und knackte. Der Bedarf an Samen wurde aus dem Anbau von Sonnenblumen im eigenen Garten gedeckt. Die Ernte ist ein wichtiges Ereignis, für welches die Riverview Colony ein

Abb. 12: Riverview Colony. Die Mohnernte im künstlich bewässerten Garten am Saskatchewan River ist Sache der Frauen. Sie sind es auch, die im Herbst und Winter von den Mohnsamen die schmackhaften *Mohnkrapfen* herstellen werden.

eigenes Gerät entwickelt hat, um die getrockneten Kerne problemlos von den Blütenböden zu entfernen: Es ist eine mit Gumminoppen besetzte und mit Maschinenkraft in Drehbewegung versetzte Walze (Abb. 10). Die auf diese Weise in vielen Säcken gewonnene Ernte wurde zum weiteren Trocknen gleichmäßig an die einzelnen Familien verteilt, denen es dann selbst überlassen war, die weitere Verarbeitung vorzunehmen. Meist wartete man einen windigen Herbsttag ab, um die scherzhaft so bezeichnete *russische Dreschmaschine* in Bewegung zu setzen (Abb. 11). Dabei werden die Samen aus einem Eimer aus Schulterhöhe in eine Wanne geschüttet, wobei der Wind die kernlosen Samen davonträgt und nur die guten in die Wanne fallen. Einen hohen Stellenwert hat daneben auch der Mohnanbau, der ebenfalls dem Eigenbedarf dient. Die Ernte ist ausschließlich Sache der Frauen (Abb. 12).

Die Speisen werden bei Tisch recht schnell und ohne Tischgespräche eingenommen. Der am oberen Ende des Tisches plazierte Mann spricht am Anfang und Ende ein kurzes Tischgebet. Schon in der mährischen Periode wird in den Quellen mehrfach die besondere Fürsorge der Hutterer für die Alten erwähnt. Sie läßt sich auch heute noch in der gleichen Weise feststellen. Den älteren Mitgliedern eines Bruderhofes mutet man nicht mehr zu, sich zu den einzelnen Mahlzeiten über den Hof in das Gemeinschaftshaus zu begeben: Ihnen werden die Mahlzeiten in verzinnten Tragegefäßen eigens ins Haus gebracht, und sie können sich beim Essen mehr Zeit nehmen. Für die Versorgung der Alten sind Essensträgerinnen zuständig. Sie tragen auch dem Prediger die Mahlzeiten in sein Haus, denn auch er hat seit alters das Privileg, *„in der Still“* essen zu dürfen. Ich durfte bei meinen späteren Aufenthalten dem Prediger Michael Stahl oft Gesellschaft leisten, was als besondere Bevorzugung galt.

Mit der wachsenden Dauer meines Aufenthaltes lernte ich „meine" Colony als einen Mikrokosmos kennen und das Zusammenleben seiner Mitglieder als ein Modell, welches die räumliche, zeitliche und soziale Ordnung stabilisiert und auf eine symbolische Weise zum Ausdruck bringt. Zur *räumlichen* Ordnung: Für den einzelnen Bewohner des Bruderhofes ist der Hof der Mittelpunkt der Welt. Schon von daher ist es nur zu verständlich, daß sie ihn in Ordnung halten und auf peinliche Sauberkeit bedacht sind, und das nicht nur, weil an Werktagen öfters Besucher oder ganze Gruppen von Gästen auf den Hof kommen. Für sie ist es auch ein inneres Anliegen, ihre Kolonie in tadellosem Zustand zu wissen. Die Hutterer möchten wie viele andere religiöse Gruppen in einem reinen und quasi heiligen Kosmos leben („An ihren Früchten sollt ihr sie erkennen!"). So ist jede Kolonie auf ihre Weise auch ein Abbild der historischen Ordnung. Nur innerhalb dieser Gemeinschaftssiedlung kann man Gottes Gebote erfüllen. Dazu gehört auch, daß die Wohnhäuser nicht verschlossen werden, ja noch nicht einmal ein Schloß aufweisen, lediglich einen lose eingehängten Riegel. In jedes Haus kann man ohne

Anklopfen jederzeit eintreten, denn die Mitglieder der Gemeinschaft haben im Wohnbereich nichts voreinander zu verbergen. Ordnung ist denn auch der beherrschende Eindruck, den die hutterischen Kolonien auf den Besucher machen. Aber nur selten wird von ihnen jemand auf die Idee kommen, dieses nach außen sichtbare Ordnungsgefüge mit den religiösen Überzeugungen in Verbindung zu bringen. Aber erst wenn man dies tut, gewinnt man tieferen Einblick in ihre Denkweise. Die Wohn- und Wirtschaftsgebäude sind auf den meisten Kolonien wie auf dem Reißbrett einander zugeordnet, dazwischen sind freie Flächen ausgespart. Alles ist im rechten Winkel. Warum das so ist, erklären sie so: „They are squared with the compass. You don't walk crooked to the earth, you walk straight, that is how our buildings should be, straight with the compass and not askew" („Sie werden mit dem Kompaß quadratisch ausgemessen. Du gehst ja auch nicht krumm über die Erde, du gehst gerade, so sollten daher auch unsere Gebäude sein, gerade wie der Kompaß und nicht schief.") (Hostetler 1974, S. 154). Die Stellung der Gebäude zueinander ist ein Spiegel der hutterischen Ordnungsidee: Jedes Detail ist Teil des größeren Systems, alle Teile sind durch unsichtbare Fäden miteinander vernetzt. Auf manchen Höfen ist man neuerdings dazu übergegangen, die Verbindungswege zwischen den einzelnen Gebäuden durch betonierte Pfade besser begehbar zu machen (vgl. Abb. 7 S. 63). Dadurch wird das Netz der Beziehungen auch äußerlich sichtbar. Auf Riverview war das Ordnungsgefüge auf natürliche Weise an den Trampelpfaden im Gras ablesbar, die die Wohnhäuser mit der Kirche, dem Speisesaal, dem Kindergarten und den Arbeitsplätzen verbanden. An den häufiger oder weniger häufiger begangenen Pfaden ließ sich sogar erkennen, an welchen Stellen die Kommunikation besonders dicht oder weniger dicht war.

Zu der räumlichen Ordnung tritt die *zeitliche*. So wie der Tageslauf durch den Klang der Glocke vom Aufstehen bis zur Abendmahlzeit in einzelne Abschnitte eingeteilt wird, so ist auch der Wochen-, Monats- und Jahreslauf durch immer wiederkehrende, markante Einschnitte des Kalenders für das Mit-

Abb. 13: Riverview Colony. Mary-Ann Tschetter am Ende einer großen Wäsche, bei der auch die Tüllgardinen an die Reihe kommen.

glied eines Bruderhofes klar gegliedert. Im Wochenrhythmus hat natürlich der Sonntag als Tag der Ruhe herausragende Bedeutung. Aber auch sonst haben die Tage nicht nur ihre eigene hutterische Benennung *(Sunndich, Mondich, Irdich, Mittwoch, Pfingsdich, Freidich, Samsdich)*, sondern auch ihre innere Ordnung. So ist z. B. der Samstagabend nach dem Gebet der große Reinigungstag der Familien. Während an den übrigen Wochentagen die Dusche oder kalte Waschungen genügten, ließ an diesem Tag die Hausmutter eigenhändig für jedes Mitglied der Familie ein heißes Wannenbad ein und versorgte es mit frischen Handtüchern und Wäsche. Danach war bei den weiblichen Mitgliedern das allwöchentliche *Zopfen* angesagt,

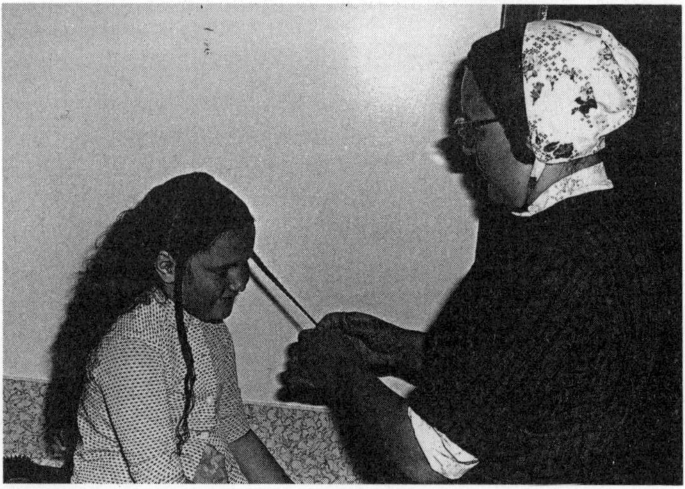

Abb. 14: Riverview Colony. Am Samstagabend nach dem Bad werden bei sämtlichen Mädchen der Familie Stahl nach dem Waschen die Haare gekämmt und gezopft *(gedraht)*. Hier ist *youngster* Hilda an der Reihe. Ihre Mutter Sarah trägt nur die *Mitz*; im Freien muß sie der Ordnung gemäß darüber noch ein Kopftuch *(Tiechel)* tragen (Nat. Museums of Canada, Ottawa 77–6820).

bei dem die Männer sie besser nicht störten. Die Mädchen und Frauen kämmten sich gegenseitig die frischgewaschenen Haare, die dem hutterischen Gesetz entsprechend ein Leben lang nicht mit einer Schere in Berührung kommen. Bei vielen von ihnen reichen daher die Haare bis zu den Kniekehlen hinab. Danach wurden die Haare frisch gezopft (*gedraht* = gedreht), d. h. von der Schläfe an in Zöpfe geflochten und mit dem großen Zopf am Hinterkopf in einem Dutt vereint (Abb. 14). Der Haarknoten wird nur einmal in der Woche gelöst, die das Haar bedeckende *Mitz* wird beim Schlafen aufbehalten. Tagsüber ist – außer bei den *Klanschulkindern* – das Haar zusätzlich mit dem gepunkteten *Tiechel* (Kopftuch) bedeckt.

Bei aller Fürsorge für ihren Körper und das saubere Erscheinungsbild ihrer Kolonien vergessen die Hutterer nicht, daß ihre irdische Existenz nur eine äußere, vorübergehende Bleibe ist. Ihr Leben auf dieser Erde ist zeitlich befristet, sie sind ein Gast auf Erden. Manchmal vergleichen die Hutterer selbst ihren irdischen Wohnort mit der Arche Noah im Sinne einer Zufluchtsstätte vor den Gefahren der Welt dort draußen. Nur die Bewohner dieser Arche können sicher sein, daß sie am Jüngsten Tag von Gott mit dem ewigen Leben beschenkt werden.

Auch die *soziale Ordnung* ist seit Jahrhunderten genau festgelegt, und jedes Mitglied kennt seinen Platz innerhalb dieses Gefüges. Ich habe kaum jemanden getroffen, der mit seiner Position unzufrieden gewesen wäre und z.B. den Ehrgeiz gehabt hätte, in eine der „höheren" Positionen der Zultbrüder aufzusteigen. Diese Ämter erstrebt ein Hutterer nicht, er wird durch das Los in sie hineingewählt. An dem Beispiel eines neugewählten Predigers werde ich weiter unten (s. S. 104 f.) noch zeigen, daß ein solcher Aufstieg in der sozialen Rangfolge die Menschen bei den Hutterern alles andere als glücklich macht (vgl. auch S. 133 f.)

Schließlich ist mir durch das Mitleben bei diesen Menschen aufgegangen, daß bei ihnen auch alles seine *symbolische* Ordnung hat. Sprache, Kleidung, Nahrung, Verhaltensweisen, Gang, Gesten, Umgang miteinander, Freizeitgestaltung, alles folgt einem eigenen Code, der die Hutterer von der Außenwelt absondert und es ihnen ermöglicht, zwischen *unser Leit* innerhalb der Höfe und den *englischen Leit* außerhalb ihrer Siedlung zu unterscheiden. Dieses komplexe Zeichensystem wird von jedem Mitglied von Kindesbeinen an erlernt und bindet sie an die Ordnung der Väter, aus der niemand so leicht und ungestraft ausbrechen kann. Es ist sicher kein Zufall, daß die Hutterer auf der Flucht vor der Welt mit ihren ganz anderen Ordnungssystemen in den dünnbesiedelten nordamerikanischen Prärien angekommen sind, wo sie abseits der großen Verkehrsströme nach ihren gewachsenen Ordnungen leben und sich noch weiter ausbreiten können. Aber sie sind heute längst eingeholt und umstellt von der „sündigen" und glänzenden Außenwelt, und mit der modernen landwirtschaftlichen Technik haben sie sich selbst einen Teil der „Versuchungen" des Industriezeitalters und der Elektronik auf die Höfe geholt. Mit diesem Dilemma müssen sie heute leben, und besonders für die Führungspersönlichkeiten ist es keine leichte Gratwanderung, sich tagsüber an den aktuellen Börsenkursen und den Gesetzen der kapitalistischen Marktwirtschaft zu orientieren und abends in ihren Familien nach den vor 450 Jahren festgelegten Geboten der Väter zu leben.

Wie ein Mitglied in die Gemeinschaft hineinwächst

Das hutterische Erziehungssystem hat schon immer die Aufmerksamkeit der Außenwelt auf sich gezogen. Wir konnten dieses Interesse bereits im 17. Jahrhundert bei Grimmelshausen registrieren (s. S. 27–29), und bis heute ist die Beschäftigung damit nicht abgerissen (Hildebrand 1993). Dies liegt in der besonderen Rolle begründet, die dem hutterischen Erziehungswesen in der Geschichte der Pädagogik zukommt. Es ist allgemein bekannt, daß Friedrich Fröbel 1837 in Blankenburg in Thüringen den ersten Kindergarten eröffnet hat. Dreihundert Jahre vor Fröbel haben die Hutterer in Mähren diese Einrichtung bereits mit Erfolg praktiziert und darüber hinaus ein Schulsystem herausgebildet, bei dem Elementarunterricht, religiöse Erziehung und berufliche Bildung bereits Hand in Hand gingen. Die im 16. Jahrhundert entwickelten Strukturen sind heute bei den Hutterern noch vorhanden; daß das System, so wie es auf den Bruderhöfen gelebt wird, den heutigen Anforderungen eines modernen Erziehungswesens nicht mehr gerecht wird, ist das große Dilemma, vor dem die Hutterer heute stehen. Ihre landwirtschaftlichen Großbetriebe müssen sich mehr und mehr dem harten Konkurrenzkampf stellen, aber diejenigen, die das Überleben auch für die Zukunft sicherstellen sollen, sind für diese Aufgabe oft nur noch unzureichend vorgebildet. Die konservativen Dariusleut haben für diese Probleme noch kaum ein Gespür entwickelt, andere „Leut“ beginnen schon eher, sich auf die Herausforderungen der Zukunft einzustellen. Ich sehe meine Aufgabe nicht darin, über das System zu richten, sondern es zunächst einmal aus meiner Erfahrung heraus darzustellen, um danach anzudeuten, worin seine Perspektiven für die Zukunft liegen und wo Reformen anzusetzen hätten.

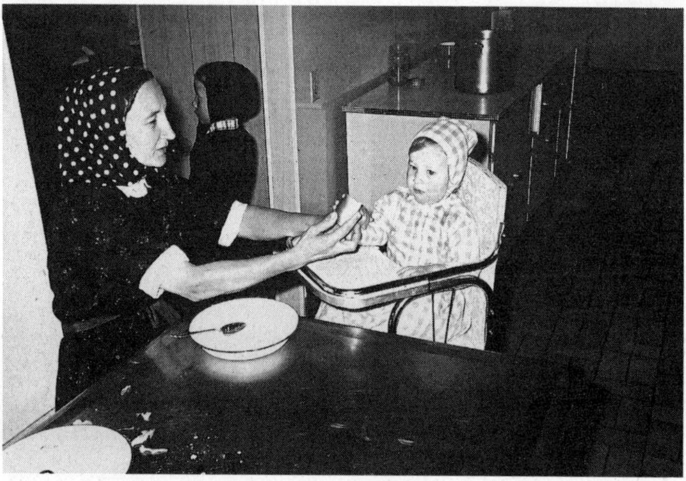

Abb. 15: Riverview Colony. Die sogenannten Hauskinder sind in den ersten beiden Lebensjahren immer in der Nähe ihrer Mutter, auch wenn diese gerade in der Küche beschäftigt ist. Anna Tschetter, die sich hier um ihre jüngste Tochter Rachel kümmert, hatte aus der Leask Colony eingeheiratet und zum Zeitpunkt dieser Aufnahme (1977) bereits sechs Kinder.

Babys und Kleinkinder heißen *Hauskinder* und haben es auf einem Huttererhof ohne allen Zweifel am schönsten. Den Grad der Zuwendung, die Kinder bis zum Alter von drei Jahren in der Gemeinde erfahren, kann nur ermessen, wer längere Zeit auf einem Hof gelebt hat. Sie werden praktisch von einem Schoß zum anderen weitergereicht und erfreuen sich der liebevollsten Betreuung und Pflege, die man sich denken kann. Die wichtigste Bezugsperson ist die Mutter, aber da deren Arbeitskraft bald nach der Geburt in der Kolonie wieder gebraucht wird, stillen die Frauen früh ab und nehmen die Kleinkinder wenn möglich mit zum Arbeitsplatz (Abb. 15). Wenn Arbeiten anstehen, bei denen Kleinkinder nicht dabeisein können, z.B. im Garten oder im Schlachthaus, wählen die Mütter für die Betreuung ein älteres Mädchen (Abb. 16) als Babysitter *(Sorgela)*. Auf diese Weise wird das junge Wesen

Abb. 16: Riverview Colony. Martha Stahl als *Sorgela* (Babysitter) mit dem ihr anvertrauten Kind aus dem Nachbarhaus.

schon früh an viele Bezugspersonen gewöhnt und nimmt den Übergang in den Kindergarten keineswegs als einen radikalen Einschnitt wahr.

Im Alter von drei Jahren bis zum sechsten Geburtstag schließt sich für das Kind das Kleinschulalter an. Das Privileg, den ganzen Tag über gehätschelt und betreut zu werden, geht zu Ende und wird durch eine strengere Ordnung ersetzt. Die *Klanschulkinder* begeben sich nach dem Aufstehen und Waschen entweder zu ihrer *Klanschulmutter* oder direkt zur *klane Schul,* einem kleinen Gebäude in der Nähe der Küche, das aus zwei Räumen besteht und mit einem Zaun umgeben ist. Innerhalb des Zaunes liegt ein kleiner Kinderspielplatz. Vor und nach dem Frühstück wird gebetet, ebenso nach den anderen Mahlzeiten. Die Kinder essen in der *klane Schul* sehr früh, um zehn Uhr, zu Mittag (Abb. 17), um von zwölf bis 14 Uhr zusammen mit ihrer Betreuerin in einem separaten Raum

Abb. 17: Riverview Colony. Sarah Stahl als Kleineschulmutter beim Mittagsmahl. Danach folgt die obligatorische Mittagsruhe; jedes Kind hat dafür sein eigenes Bett.

des Gebäudes einen langen Mittagsschlaf zu halten. Um 16 Uhr werden sie abgeholt (Abb. 18) oder zu ihren Familien zurückgebracht, die um diese Zeit meistens ihre Tagesarbeit beendet haben und sich dann um sie kümmern können.

Auf Riverview teilten sich zwei Frauen in die Kinderbetreuung, in Leask war dafür eine ältere *Ankela* zuständig, die ich nie ohne ein Lineal in der Hand gesehen habe, mit welchem sie nicht nur drohte, sondern die kleinen Vergehen sofort mit einem leichten, eher symbolischen Schlag auf die Hand bestrafte. In der Kleinschule wird den hutterischen Kindern eine Art religiöse Vorschulerziehung zuteil, die hauptsächlich im Auswendiglernen von Gebeten, Versen und Liedern besteht. Bei dem Aufenthalt im Innern wird kaum mit Spielzeug oder kreativer Beschäftigung gearbeitet, statt dessen lernen die Kinder stillsitzen und sich artig zu benehmen und den biblischen Geschichten zu lauschen, die ihnen erzählt oder vorgelesen werden. Außenaktivitäten nehmen einen großen Raum ein; auf den täglichen Spaziergängen lernen

Abb. 18: Riverview Colony. Rebecca Tschetter, verheiratet mit Bruce, hat aus der Irma Colony in Alberta eingeheiratet. Sie holt am Abend ihre Tochter Jeanette aus der *klane Schul* (im Hintergrund) ab. Nach dem täglichen Melken war sie beim Gänserupfen beschäftigt; sie trägt noch Gummistiefel und hat Federn an ihrem Gewand.

die Kinder den Hof kennen und sich in der ihn umgebenden Natur zu orientieren. Sonntags bleiben die Kleinschulkinder bei ihrer Familie. Das Ziel der Kleinschulerziehung besteht neben der religiösen Unterweisung vor allem in dem, was die Hutterer mit dem „Brechen des eigenen Willens" umschreiben; damit ist gemeint, daß das Kind in die Gruppe der Gleichaltrigen hineinwächst und lernt, sich einige der Kardinaltugenden der Gemeinschaft (Gehorsam, Bescheidenheit, Zurückhaltung, Hilfsbereitschaft und Ruhe) anzueignen (vgl. Hildebrand 1993, S. 84f.).

Mit dem sechsten Lebensjahr treten die jungen Hutterer in die englische Schule, in die deutsche Schule und in die Sonntagsschule ein. Mit dieser Reihenfolge soll auch die Gewichtung dieser drei Institutionen angedeutet werden. Die Pflicht zum Besuch einer staatlichen Schule ist für die Hutterer nach

Abb. 19: Leask Colony. Die Mädchen *(Diena)* begeben sich nach einer kurzen Pause zwischen englischer und deutscher Schule am Nachmittag zurück zum Schulgebäude.

ihrer Übersiedlung nach Kanada eingetreten. Sie haben sich aber im Laufe der Zeit in den drei betreffenden Provinzen das Vorrecht zu verschaffen gewußt, die englische Schule auf dem eigenen Hof zu haben, so daß ihre Kinder nicht auspendeln müssen (Abb.19). Dafür verpflichteten sie sich, das Schulgebäude kostenlos zur Verfügung zu stellen und zu unterhalten, dem englischen Lehrer sein Gehalt zu zahlen, sogar freie Wohnung *(teacherage)* und Verpflegung zu stellen, wenn er/sie auf dem Hof wohnen will, was aber heute kaum noch der Fall ist. Die Kinder kommen in die englische Schule praktisch ohne Englischkenntnisse. Ihre gesamte bisherige Erziehung erfolgte in Hutterisch, was bedeutet, daß man sich mit Kleinschulkindern nur auf Hutterisch unterhalten kann. Da die englischen Lehrer diese Sprache naturgemäß nicht beherrschen, ist der Anfangsunterricht in Englisch ein schwieriger Fremdsprachenunterricht ohne gemeinsame sprachliche Verständigungsmöglichkeit. Anfangs besteht der englische Unterricht vor allem darin, den Kindern ihren Akzent auszutreiben, ein Prozeß, der die ganze Schulzeit über anhalten kann. Viele Hutterer behalten bis ins Alter ihren „deutschen" Akzent und ihr Problem mit dem englischen *th*. Bei den englischen Lehrern und Lehrerinnen handelt es sich in Saskatchewan vielfach um rußlanddeutsche Mennoniten, die den Problemen der Kinder zumindest ein gewisses Verständnis entgegenbringen. Die Lehrerin von Riverview berichtete mir von ihrer intelligentesten hutterischen Schülerin, die im Laufe ihrer Schulzeit ein akzentfreies Englisch erlernt hat. Kaum war sie aus der Schule und *bei Leit*, habe sie „einen schweren Rückfall ins Deutsche" erlitten. Der Stellenwert der englischen Schule im Bildungssystem war Ende der siebziger Jahre bei den hutterischen Autoritäten nicht sehr hoch. Es stand damals von vornherein fest, daß es über die sechs Jahre englischer Schulbildung hinaus für ihre Kinder keine Möglichkeit der Weiterqualifikation gab. Die mennonitische Lehrerin der Hillcrest Colony sagte mir zu diesem Problem: „Der Mangel an Erziehung bei den Hutterern dient ihnen als Schutz *(safeguard)*. Sie fürchten, daß ein höherer Bildungsgrad mit einem Verlust der Mitglieder enden würde. Ihr Erziehungssystem basiert auf Konformität. Diese kann nur durch einen niedrigen Bildungsgrad erreicht werden." Sie glaubte, daß dieses System noch über weitere Generationen Bestand haben könnte, denn trotz seiner Mängel seien die Kinder darin sehr gut aufgehoben: Es gibt kaum Leistungsdruck und kein Konkurrenzdenken, die Kinder sind ständig in der Gemeinschaft Gleichaltriger und haben in einer Koloniesschule sehr viel Spaß und Abwechslung. In einer hutterischen Kolonie als Englischlehrerin zu unterrichten sei eine Art Sozialarbeit. Die Schule diene vor allem dazu, den Kindern ein ordentliches Englisch beizubringen, ohne das sie im Leben nicht auskommen, darüber hinaus Basiskenntnisse in Mathematik, Geographie und Naturwissenschaften, aber möglichst nicht zuviel davon und ohne den Einsatz moderner audiovisueller Unterrichtshilfen, die von den Schulen ferngehalten werden. Dadurch ist der pädagogische Spielraum sehr gering.

Ich fühlte mich beim Besuch der Schule fast in eine einklassige Dorfschule des 19. Jahrhunderts zurückversetzt, in der quasi jeder der zirka zwölf Schüler in seiner Bank seine eigene Klasse darstellte. Die Schwierigkeiten, unter diesen Umständen modernen Unterricht anzubieten, wurden noch dadurch erhöht, daß der Schulraum fast jeden zweiten Nachmittag, im Winter täglich in einen Kirchenraum verwandelt werden mußte; deshalb waren Wandbilder nicht erlaubt, und die Tafel mußte vorher gereinigt werden.

Noch schwieriger ist es, über die deutsche Schule zu berichten. Ich gebe einfach wieder, was ich bei meinem ersten Schulbesuch in Riverview erlebte. Der deutsche Schullehrer, der später zum neuen Prediger gewählt wurde (s. S. 104f.), erwartete die Schulpflichtigen eine Stunde vor der englischen Schule um acht Uhr. Er nahm auf dem Katheder Platz und stimmte als erstes ein Liedlein „in eigener Melodie" an. Danach sanken alle 16 Schüler an ihren Einzelpulten auf die Knie und beteten das „Gebet für die Kinder in der Schule". Der lange Text, der in einem faszinierend klingenden Singsang wiedergegeben wird, enthält u. a. das Glaubensbekenntnis, verschiedene kurze Segens- und Gebetsformeln sowie die Zehn Gebote. Danach sagten sie stehend die Schul-Gebote und den ersten Psalm auf, die handschriftlich in einem schwarzen Wachstuchheft eingetragen sind, das jedes Kind führen muß. Damit waren die ersten zehn Minuten des Unterrichts ausgefüllt. In der restlichen Zeit fand dann der deutsche Unterricht statt (Abb. 20). Dasselbe wiederholte sich nochmals am Nachmittag, wenn der englische Lehrer seine Schulstunden beendet hatte. Die deutsche Schule rahmte gewissermaßen die englische Schule ein, was früher offenbar von den deutschen Schullehrern dazu benutzt wurde, die in der englischen Schule möglicherweise verbreiteten weltlichen „Irrlehren" auf der Stelle zu korrigieren. Heute ist so etwas kaum noch denkbar, denn die Autorität der englischen Lehrer wird allgemein geachtet. Es kommt auch nicht mehr vor, daß die deutschen Schullehrer die Abbildungen in den englischen Unterrichtswerken überkleben, wie es in der Zeit nach dem Zweiten Weltkrieg noch allgemein der Fall war.

Abb. 20: Deutsche Schule in der Riverview Colony. Der Schullehrer Levi Tschetter läßt Hilda Stahl aus der Fibel buchstabieren. Ihre Schwester Bertha schaut zu (Nat. Museums of Canada, Ottawa 77–6911).

Der deutsche Schullehrer knüpft mit seinem Unterricht insofern an den Kleinschulunterricht an, als die Kinder hier ebenfalls wieder mit neuen Verhaltensvorschriften konfrontiert werden. Aus der handschriftlich überlieferten Schulordnung geht hervor, daß dem deutschen Lehrer über den Unterricht hinaus eine überaus wichtige Funktion im Leben der Schulkinder zukommt. Der Schullehrer ist zusammen mit seiner Frau, der Schulmutter, die zentrale Bezugsperson während der ganzen Schulzeit. Beide nehmen sämtliche Mahlzeiten gemeinsam mit den Schulkindern ein, der Lehrer ist bei allen Sorgen und Nöten der Ansprechpartner und teilt stellvertretend für die Eltern Lob und Strafe aus.

Im Unterricht muß der deutsche Lehrer den Kindern vor allem das Schreiben und Lesen der hochdeutschen Sprache beibringen, wobei er sich deutsch-amerikanischer Fibeln des 19. Jahrhunderts und einer altertümlichen Silben-Buchstabiermethode bedient. Überdies müssen die Kinder bei ihm auch die Kenntnis der alten deutschen Schreibschrift erwerben, denn das gesamte Schriftgut der Hutterer ist in dieser Schrift abgefaßt. Einem Hutterer ist es übrigens kaum möglich, einen deutschsprachigen Text zu lesen, der nicht in Fraktur gedruckt oder in der deutschen Schreibschrift geschrieben ist. Die lateinische Schreibschrift wird ausschließlich für englische Texte benutzt. Das getrennte Schulsystem vermittelt also zwei unterschiedliche Kompetenzen des Lesens und Schreibens. Die Kenntnis des Hochdeutschen oder Predigthutterischen wird für die Kinder insofern als lebensnotwendig erachtet, weil sie sonst die Predigten, Lieder und Gebete in der Kirche nicht verstehen könnten. Da diese Texte, von ihrer Entstehung her gesehen, zumeist auf das 17. Jahrhundert zurückgehen, verstehen die Kinder im Gottesdienst ohnehin nur die Wörter oder einzelne Satzteile, ohne daß sie einen Sinn darin erkennen können. Aufgrund der gravierenden Mängel im deutschen Schulunterricht erlangen die Kinder allenfalls passive Kenntnisse in der hochdeutschen Sprache, sie lernen Texte auswendig, die sie nur unzureichend verstehen, und die meisten von ihnen sind froh, wenn sie das Ganze hinter sich haben und *bei Leit* kommen, um endlich eine richtige Arbeit zu lernen und von dem *monkey business* (leidigen Geschäft) befreit sind. Hier wird deutlich, daß das hutterische Schulsystem einer gründlichen Erneuerung bedarf, und es ist erfreulich, daß neuerdings durch Lehrerfortbildungsmaßnahmen erste Fortschritte zu verzeichnen sind, zu denen auch von deutscher Seite geforscht worden ist (vgl. Hildebrand 1993, S. 140ff.).

Zur Institution der Sonntagsschule ist dem eher traurigen Befund über die deutsche Schule wenig Positives hinzuzufügen. Auch hier fehlte jegliche Spontaneität und kreative Entfaltungsmöglichkeit, alles war streng nach der Ordnung vorprogrammiert – ich empfand den Unterricht als religiösen Drill. Die Kinder waren zwar daran gewöhnt und kannten nichts anderes, so daß man von ihnen selten eine Kritik an dem Schulsystem zu hören bekam. Es ist allerdings anzunehmen, daß sich bei einigen von ihnen, zumal den intelligenteren, im Lauf der Jahre eine allgemeine Unzufriedenheit und Verdrossenheit mit dem ohne Abwechslung und Überraschungsmomente dahingleitenden schulischen Leben einstellt. Das kann dann schließlich dazu führen, daß einige von ihnen die Kolonie verlassen, für eine gewisse Zeit oder für immer. Davon soll später noch die Rede sein.

Im Alter von 15 Jahren kommen die Kinder aus der Schule und beginnen auf dem Hof ihren beruflichen Werdegang. Äußerlich wird dies daran sichtbar, daß sie nicht mehr mit dem Lehrerehepaar zum Kinderessen gehen, sondern bei den Erwachsenen sitzen dürfen, allerdings am untersten Ende des Tisches. Die Jungen erhalten je nach Eignung und Interesse eine handwerkliche Ausbildung als Schlosser, Schreiner, Maurer oder Elektriker, um nur die wichtigsten Berufe zu nennen, und sie werden zusätzlich auch in Ackerbau und Viehzucht eingesetzt, wobei sie die dafür notwendigen Fertigkeiten durch *learning by doing* von früher Jugend an meistens ohnehin besitzen. Die Mädchen *(Diene)* tun *bei Leit* im Grunde das, was sie bisher schon immer getan haben, sie arbeiten im Haus, in der Küche, im Waschhaus usw. mit, wo immer sie gebraucht werden, und sie bilden zusammen mit dem Gärtner ein starkes Team bei der Gartenarbeit (Abb. 21, vgl. Abb. 10 S. 68).

Das nächste einschneidende Ereignis im Leben der jungen Leute ist am Ende der „wilden Jahre" der für sie wichtigste Übergangsritus: die Taufe. Sie findet um das 20. Lebensjahr herum statt, und die Bedeutung dieses Ereignisses wird auch dadurch unterstrichen, daß sich die zur Taufe Entschlossenen auf dieses Ereignis gewissenhaft vorbereiten müssen, u. a. – wie könnte es anders sein – durch Auswendiglernen des Taufspruchs. Auch die Kolonie selbst prüft in eigenen Versammlungen an mehreren Sonntagnachmittagen ebenso sorgfältig, ob der/die Taufgesinnte für den Eintritt in das Erwachsenendasein würdig ist. Die eigentliche Taufe findet gewöhnlich in zwei Gottesdiensten am Samstag vor Palmsonntag und am Palmsonntag statt. Nur wer getauft ist, kann daran denken, einen Ehestand zu begründen.

Abb. 21: Die Mädchen der Riverview Colony bringen zusammen mit dem Gärtner Levi Tschetter eine reiche Zucchini-Ernte ein. Dies ist der künstlichen Bewässerung aus dem nahe gelegenen South Saskatchewan River zu verdanken.

Die Hutterer erlauben und erleichtern daher aufgrund dieser funktionierenden Selbstkontrolle ihren jungen Leuten das häufige ungestörte Zusammenkommen. Vor allem nach der Ernte sind oft ganze Wagenladungen von jungen Leuten zum Besuch in anderen Kolonien unterwegs; die jungen Männer nennen es Dirnenjagen und finden bei solchen Gelegenheiten oft ihre Partnerinnen fürs Leben. Besonders beliebt sind Hochzeiten; auf einer Hochzeit finden in der Regel drei neue Paare zusammen, behaupten sie. Fest steht, daß Hochzeiten bei den Hutterern vor allem ein Fest der Jugend sind. Ich habe zwei miterlebt, eine „Einheirat" und eine „Ausheirat". Die erste Hochzeit auf Riverview war die Einheirat einer auswärtigen Braut. Katharina Hofer stammte aus der Hodgeville Colony im südlichen Saskatchewan und ging schon geraume Zeit *steady* (fest) mit Jakob Stahl, dem Bruder des Predigers. Er war schon weit über Dreißig, hatte sich also mit der Eheschließung viel Zeit gelassen. Schon bei meinem Eintritt in

Abb. 22: Leask Colony. Der 65jährige Jakob Wollman in seiner Werkstatt bei ersten Vorbereitungen zur Herstellung eines Nähmaschinentisches für seine vor der Hochzeit stehende Enkelin. Im Hintergrund eine soeben fertiggestellte Fußbank. Das abschließende Schleifen und Beizen derselben ist Frauensache. (Nat. Museums of Canada, Ottawa 77–6969)

die Kolonie war die bevorstehende Hochzeit Gesprächsthema Nummer eins. Bei den Mädchen ging es wochenlang um die Frage „Was ziehe ich an?", und dieses Problem wurde im Laufe des Sommers durch den Erwerb von Stoffen und das Nähen neuer Kleider auf hutterische Weise gelöst, d. h., die Kleider waren neu, aber die Stoffmuster gehorchten der Ordnung. Auch ich mußte mir selbstverständlich einen Sonntagsstaat zulegen.

Nach Beendigung der Getreideernte fuhr der Prediger von Riverview zusammen mit dem Heiratskandidaten, seinem Bruder Jakob, an einem Mittwoch in die Hodgeville Colony zur Brautwerbung, dem sogenannten *Aufreden* (vgl. die Autobiographie von M. Stahl, unten S. 131). Währenddessen begannen zu Haus die Vorbereitungen auf Hochtouren zu laufen. (Abb.22). Zunächst wurden Unmengen von sogenanntem

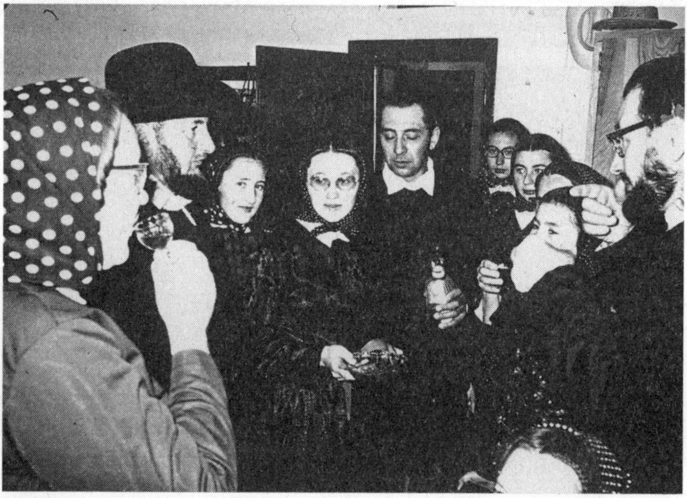

Abb. 23: Riverview Colony. Hochzeitstrunk. Der Bräutigam Jakob Stahl (Mitte) führt seine Braut Katharina Hofer von der Hodgeville Colony zum Begrüßungstrunk in das Haus seines Bruders (links). Ganz links Sarah Stahl, rechts der Brautvater.

Kronkenzwieback hergestellt, der aus besonders hoch aufgehendem, reichem Brotteig gebacken wurde und den normalerweise nur Kranke und stillende Mütter erhalten. Auf der gesamten Kolonie wurde der Rasen kurz geschnitten, überall wurde gefegt und geputzt, das Geschirr wurde eigens gespült und bereitgestellt, in der Stadt wurden Bier, Eiscreme, Softdrinks, Snacks und die letzten Hochzeitsgeschenke gekauft. Am Donnerstag buken die Frauen nachts unglaubliche Mengen (4000 Stück!) an Hochzeitsbrötchen. Am gleichen Abend war in Hodgeville Polterabend *(Hulba)*, die Braut nahm Abschied von ihren Eltern und der ganzen Kolonie. Am Freitagnachmittag traf das Brautpaar in Begleitung einer großen Hochzeitsgesellschaft in Riverview ein. Von der ersten Minute an bis zum Schluß der Feierlichkeiten am Sonntagabend war das Paar von einer Schar unverheirateter Mädchen umringt, die es bei jedem Schritt begleiteten. Um

18 Uhr war Gebet, bei dem das Lied angesagt wurde: „Es wollt ein Mädlein Wasser gut / schöpfen bei einem Brunnen" (Kl. Ldb. S. 227–231: Isaaks Brautwerbung um Rebekka am Brunnen, Gen 24). Zusammen mit ihren Eltern machten Jakob und Kathie abends auf der Kolonie von Haus zu Haus die Runde und präsentierten den erwachsenen Bewohnern den Hochzeitstrunk (Abb. 23), einen selbstgemixten roten Likör, über dessen Zusammensetzung schon Wochen vorher heiß diskutiert worden war. Abends war dann auch auf Riverview im Haus des Bräutigams *Hulba* (engl. *shiveree*), es waren viele Bänke und Stühle aufgestellt, und zwischen den deutschen und englischen Gesängen wurde das Paar beschenkt und mußte die großen Pakete auspacken. Meine Vorstellung von der Eigentumslosigkeit der in Gütergemeinschaft lebenden Menschen mußte ich an diesem Abend revidieren, denn was die beiden an Hausrat, Küchenmaschinen und sonstigem persönlichem Luxus erhielten, war erstaunlich, wobei allerdings angemerkt werden muß, daß der Bräutigam als „Schweinemensch" und Großbelieferer des städtischen Schlachthofes zu zahlreichen Geschäftspartnern in der Stadt Beziehungen unterhielt, die sich an diesem Abend und am folgenden Tag als teure Hochzeitsgaben bei seiner *bridal shower* (Party zur Überreichung der Hochzeitsgeschenke) niederschlugen. Um 21 Uhr gab es bei gemischter Sitzordnung im Speisesaal *Lunch,* danach wurde in verschiedenen Häusern bis weit in die Nacht durchgefeiert. Hier entpuppten sich einige meiner Mitstreiter von der Ernte als trinkfeste Weltmenschen, gute Tänzer und begabte Westernsänger. Quasi zur Entschuldigung wurde mir von den Autoritätspersonen dazu mitgeteilt, daß die an verschiedenen Orten zu registrierende Ausgelassenheit und Freizügigkeit beim Alkoholgenuß nur vor Hochzeiten und beim Erntedankfest *(Haptschinka)* erlaubt sei.

Am nächsten Morgen kam wegen der Folgen der vorausgegangenen Nacht keine geregelte Arbeit auf; das Brautpaar war, begleitet von einigen jungen Leuten, zur Erlangung der *marriage licence* (amtliche Erlaubnis) in die Stadt und in eine andere befreundete Kolonie gefahren und kehrte rechtzeitig zum Gebet zurück. Prediger Stahl sagte das vorgeschriebene Lied „Am dritten Tag ein' Hochzeit war" (Kl. Ldb. S. 62–64: Hochzeit zu Kana) an und hielt die für den Tag bestimmte Lehre, das Brautpaar saß auf getrennten Plätzen, aber in Sichtweite zueinander. Um acht Uhr läutete die Glocke zum *Lunch*. So voll hatte ich den Speisesaal mit ca. 80 Personen noch nie gesehen, auch die Kinder durften an Extratischen in der Mitte daran teilnehmen. Die Frauen trugen bereits ihre Festgewänder; die reichlich anwesenden Gastprediger sagten Lieder an, dazwischen wurden von eigens dafür abgestellten Aufwärtern in jeweils eigenen Lieferungen feierlich Bier, Sandwiches, Chips, Bananen und Eiscreme aufgetragen. Auch an diesem Abend wurde in den Privathäusern weitergefeiert, der Alkohol floß diesmal nicht mehr so reichlich, dafür wurde sehr viel gesungen und „angebandelt". Ich erfuhr bei dieser Gelegenheit viel über *courtship* (Werbung) unter den jungen Leuten. Hochzeiten sind die beste Gelegenheit zum Kennenlernen. Die Braut hatte gleich drei Schwestern mitgebracht, von denen sich besonders eine allgemeiner Aufmerksamkeit bei den *boys* erfreute. Die erste Kontaktaufnahme bei den Hutterern besteht darin, daß man die Auserwählte fragt oder fragen läßt, ob sie zu einem gemeinsamen *walk* bereit sei. Läßt sie sich darauf ein, kann der Werber möglicherweise unterwegs schon das erste *date* verabreden. Damit ist dann schon die nächste Stufe erreicht, das *steady*. Die unverheirateten Männer aus unserer Kolonie bemühten sich zwar sehr um die Schöne, holten sich aber allesamt eine Abfuhr.

Der eigentliche Hochzeitstag war der Sonntag. Nach dem Frühstück im *common dining room* (Gemeinschaftseßsaal), an dem bereits viele Gäste teilnahmen, kleidete sich das Brautpaar, das die Nacht noch getrennt verbracht hatte, zu Hause an und begab sich hinüber zum Prediger, der das Paar in die Kirche begleitete. Wieder saßen Braut und Bräutigam durch den Mittelgang getrennt auf ihren Plätzen. Nach dem Ansagen des Hochzeitsliedes („Allweiser Schöpfer, deine

Hand") teilten sich Michael Stahl und der frühere Prediger von Riverview in die Predigt. Jeder las Teile der Hochzeitslehr aus seinem eigenen Predigtbuch. Sie besteht aus einer Kompilation von Bibelstellen, in denen die dienende Rolle der Frau in der Gemeinschaft betont wird. Die Trauungszeremonie nahm der Altprediger vor. Auch hier war jedes Wort durch den geschriebenen Text vorgegeben, nur die Namen der beiden Hochzeitsleute wurden hinzugefügt. Wie bei allen kirchlichen Zeremonien der Hutterer unterband auch hier der steife, formelhafte Charakter der Handlung jegliche Rührung oder Sentimentalität. Der Prediger fragte jeden der beiden die gleichen Fragen, die mit einem fast unhörbaren „Ja" beantwortet wurden. Dann gab er ihre Hände zusammen. Mit zusammengelegten Händen begaben sie sich wieder zu ihrer Bank, wo sie sich wieder zu trennen hatten. Michael Stahl sagte das Lied an „Geschlossen ist der Ehe Bund" (neben mir ergänzte jemand parodistisch als zweite Zeile „verheirat sind zwei dumme Hund"). Vor dem Segen vermahnte der Altprediger die Anwesenden noch zur Mäßigkeit beim Alkoholgenuß, zum zurückhaltenden Benehmen und verbot das Umherlaufen beim Hochzeitsmahl; das waren die einzigen nicht aus schriftlichen Quellen geschöpften Worte während der ganzen Zeremonie. Beim Hinausgehen warteten Braut und Bräutigam, die als erste die Kirche verlassen hatten, auf der Treppe auf die Prediger und gingen zusammen mit ihnen zum Speisesaal, wo das Hochzeitsmahl vorbereitet war. Die Tische waren in Hufeisenform aufgestellt, an der Stirnseite nahmen Braut und Bräutigam mit ihren Familien Platz, daneben die Ehrengäste. Diese Plätze waren durch große grüne Pokale gekennzeichnet, aus denen Bier getrunken wurde. Die seit vielen Generationen beachtete Speisenfolge sah folgende Gerichte vor: Nudelsuppe mit Hochzeitsbrötchen, gekochtes Rindfleisch mit Meerrettich und Sauerkraut (keine Kartoffeln!), zum Nachtisch Obstsalat, Kaffee und eine Flasche Bier pro Gast. Um 14 Uhr war *Lunch* (die eigentliche, *„rechte Hochzeit"*), bei dem vor allem viele Lieder gesungen, viel Bier getrunken und reichliche Mengen an Kuchen mit Eiscreme gegessen wurden. Danach durfte das Brautpaar, engumschlungen und umringt von den Brautjungfern, einen kurzen Spaziergang über die Kolonie unternehmen, ehe schon wieder Zeit war für die nächste Mahlzeit, das Nachtmahl. Zur Eröffnung wurde das Lied angesagt „Nun ist die Mahlzeit schon vollbracht". Das Mahl bestand aus Tomatencremesuppe mit Krankenzwieback, Fleischwurst, Salat und Bier. Dabei ereignete sich der einzige unvorhergesehene Zwischenfall während der ganzen Tage, als ein „englischer" Gast, ein Düngemittellieferant, einen über den Durst getrunken hatte und aus dem Saal gebracht werden mußte. Das war den Älteren peinlich, und die Jüngeren fragten mich – wie so oft: „*Kummt das in dein Biechel* (Buch)?" Nach dem Essen verabschiedeten sich die etwa dreißig von auswärts angereisten Gäste, und allmählich kehrte auf der Kolonie wieder der Normalzustand ein. Insgesamt war das Fest ein überaus liebenswertes, freundliches Ereignis, sehr gemäßigt in allen Genüssen, und da viele alte Prediger als Aufsichts- und Respektspersonen anwesend waren, verhielten sich alle der Ordnung gemäß, es wurde fast nur hutterisch gesprochen, es wurden fast nur hutterische Lieder gesungen, und es war ein denkwürdiges, bei aller Förmlichkeit in den kirchlichen Handlungen festliches Ereignis. Am nächsten Morgen habe ich das Haus besucht, in das die Braut eingeheiratet hatte. Ihr Mann arbeitete im Schweinestall, sie saß an der Nähmaschine und fertigte neue Gardinen. Die zahlreichen Geschenke waren bereits alle in den Truhen oder Nebenkammern verschwunden, um keinen Neid zu erregen. Weder an diesem noch an den folgenden Tagen habe ich es erlebt, daß irgend jemand auf die Hochzeitsnacht oder den neuen Status des Paares Anspielungen gemacht hätte. Mit größter Selbstverständlichkeit wurde Katharina als neues Mitglied in der Kolonie akzeptiert, und wenige Tage später hatte sie als dritte Köchin ihre Funktion übernommen. Bei meinem letzten Aufenthalt 1982 hatte sie bereits drei Kinder: Julia, Richard und Samuel.

Abb. 24: Vorratswirtschaft auf der Riverview Colony. Die Köchin Susanna Stahl ergänzt im Basement der Küche die Wintervorräte an Eingemachtem. Eingeweckt werden vor allem die Produkte aus dem eigenen Garten, aber auch zugekauftes Obst aus British Columbia und Kalifornien. (Nat. Museums of Canada, Ottawa 77–6901)

Auf einem hutterischen Bruderhof ist Schwangerschaft etwas vollkommen Alltägliches; Frauen im gebärfähigen Alter sind regelmäßig schwanger. Ist dies nicht der Fall, setzt sich das Ehepaar möglicherweise dem Verdacht der Schwangerschaftsverhütung aus. Verhütungsmaßnahmen sind bei den Hutterern nicht erlaubt. Deshalb ist das Ausbleiben von Kindersegen unter Umständen für die Zultbrüder Anlaß zur Vermahnung der Betreffenden. Ich habe einmal im Hochsommer am Junibeeren-Klauben der Frauen von Riverview teilgenommen. Die neun beteiligten Frauen haben an einem Tag in zehn großen Plastikeimern 50 Gallonen *Saskatoon Berries* im geschätzten Wert von 500–600 kanadischen Dollar gesammelt. Die Beeren wurden am nächsten Tag eingemacht und zu den Wintervorräten im Keller überführt (Abb. 24). Die Frauen nutzten die Möglichkeit des von Männern ungestörten Zusammenseins zum ausgiebigen Erzählen und Singen. Für mich war dies eine willkommene Gelegenheit, im Gespräch mit den Frauen Themen anzupacken, die ich als heikel empfand, die aber von ihnen in aller Offenheit und ohne jegliche Scheu behandelt wurden. Eine der Frauen war nach der Geburt ihres achten Kindes sterilisiert worden, bekannte aber, daß sie danach durchaus von Zeit zu Zeit mit ihrem Mann „im Fleisch“ zusammenkomme: „Man kann nicht gegen die Natur“, meinte sie dazu.

Eine neue Kolonie entsteht

Die Frage, wie die Hutterer mit dem Problem der im bestimmten Rhythmus notwendigen Teilungen ihrer Kolonien fertig werden, stößt erfahrungsgemäß bei Außenstehenden immer wieder auf sehr starkes Interesse und erfordert daher auch hier ein eigenes Kapitel. Warum lassen es die Hutterer nicht zu, daß die Mitglieder ihrer Gemeinschaft in größeren, dorfähnlichen Siedlungen zusammenwohnen? Warum muten sie den „Gemeinschaftern" zu, möglicherweise dreimal in ihrem Leben den angestammten Siedlungsplatz aufzugeben und in einen neuen Bruderhof überzuwechseln? Die schriftlich fixierten Grundlagen des hutterischen Systems geben darauf keine Antwort, zumal sie sich hauptsächlich auf Glaubens- und Erziehungsfragen beziehen. Es handelt sich dabei mehr um die Praktizierung eines Erfahrungswertes: Nach hutterischer Überzeugung ist die ideale Größe eines Bruderhofes heute bei einer Bevölkerungszahl von etwa 100 Personen erreicht. Bei Überschreitung dieser Zahl wird die Teilung in Angriff genommen.

In der „goldenen Periode" in Mähren war die Zahl der Bewohner in einer Haushabe etwa doppelt so hoch. Damals waren es vor allem die ständigen Zuzüge aus dem Reich und aus den österreichischen Alpenländern, die zur Gründung immer neuer Tochtersiedlungen Anlaß gaben. Das dazu notwendige Kapital wurde vor allem in den florierenden Handwerksbetrieben erwirtschaftet. Mit der Übersiedlung in die Neue Welt sind die Hutterer seit dem 19. Jahrhundert in eine zweite Phase der flächenhaften Expansion eingetreten. Die Gründe für die bemerkenswerte Zuwachsrate der Kolonien sind jetzt vor allem in der erstaunlichen Fruchtbarkeit mit einer durchschnittlichen Kinderzahl von 8–10 pro Familie zu suchen. Dabei gibt es praktisch keinen Zuwachs von außen, da die Hutterer in Nordamerika keine aktive Mission mehr betreiben. Bei einem derart raschen Bevölkerungswachstum kommt in den einzelnen Kolonien relativ schnell der Zeitpunkt, daß für jeden verfügbaren Arbeitsplatz zwei Mitglieder zur Verfügung stehen, d. h., es gibt für den einzelnen nicht mehr genug Arbeit. Eine Ausweitung der flächenmäßig oft schon sehr ausgedehnten Kolonien kommt meist nicht in Frage, da dann u. a. die Wege zu den Feldern zu weit würden. Die Folgen des Überangebots an Arbeitskräften wären Müßiggang und Nachlässigkeit in der Erfüllung der täglichen Pflichten, weil der eine darauf vertrauen würde, daß der andere seine Obliegenheiten wahrnimmt, oder es käme zu unerfreulichen Hierarchisierungen und zu Wettbewerb innerhalb der Familien um die verfügbaren Ausbildungsplätze. Am besten ist die beginnende Übervölkerung einer Kolonie in den Speisesälen oder in der Schule abzulesen. So weit lassen es die Hutterer in der Regel aber erst gar nicht kommen. Ihre Lösung für das Problem der Überbesetzung eines Hofes ist das Zellteilungsprinzip *(branching)*, das sie seit 1874 im nordamerikanischen Westen mit sichtbarem Erfolg anwenden.

Im Durchschnitt wird eine hutterische Kolonie alle 14 Jahre geteilt. Dieser Vorgang verläuft bei allen drei Gruppen etwa auf die gleiche Weise. Er wird von langer Hand vorbereitet, und man kann sogar sagen, daß jeder Bruderhof nach einer erfolgten Teilung seine Aktivitäten bereits wieder auf die künftige Teilung auszurichten beginnt, selbst wenn sie noch so weit in der Zukunft liegt. In den eineinhalb Jahrzehnten muß vor allem der Mehrwert erwirtschaftet werden, um neues Land zu erwerben und der künftigen Tochterkolonie eine Ausstattung an allen notwendigen Wohn- und Wirtschaftsgebäuden mit auf den Weg zu geben. Eine hutterische Kolonie in West-Kanada benötigt eine landwirtschaftliche Fläche von ca. 3000 bis 4000 acres und die Nähe zu einer der großen Durchgangsstraßen und zu einem größeren Handelszentrum, über welches Ankauf und Verkauf der Produkte abgewickelt werden können. Eisenbahnanbindung wird heute nicht mehr angestrebt, zumal dieses Verkehrsmittel in der zweiten Hälfte des 20. Jahrhunderts stark an Bedeutung verloren hat. Die Hutterer legen Wert auf gutes Wasser, das sie durch Brunnen, deren Wasser durch Überdruck des Grundwassers selbsttätig aufsteigt, ergraben oder erbohren. Sie achten naturgemäß auf gute klimatische Bedingungen und gute Erträge der erworbenen Böden. Bei der Besichtigung von zum Verkauf stehenden Ländereien werden auch die Frauen mitgenommen, denn sie haben u. a. ein Wort darüber mitzureden, wo die künftigen Gebäude zu stehen kommen sollen. Über die räumliche Entfernung der Mutter- zur Tochterkolonie lassen sich keine Regeln aufstellen, zumal dies heute stark von den Möglichkeiten zum Landerwerb abhängt. 50 km wird von den Hutterern als Idealentfernung aufgefaßt, läßt sich aber oft nicht einhalten. Die Riverview Colony ist 1955 von der Mutterkolonie Fairview in Alberta aus gegründet und 1956 bezogen worden; die Entfernung beträgt hier das Zehnfache der Idealvorstellung.

Ist das Land erworben, können durchaus noch Jahre vergehen, ehe darauf ein Hof errichtet wird. Wenn es die Entfernungen erlauben, werden die Felder selbst bestellt, im anderen Fall wird verpachtet. Die eigentliche Teilung wird durch den Bau der Gebäude eingeleitet, die vollkommen in eigener Regie erfolgt, weil bei den Hutterern normalerweise alle erforderlichen Fähigkeiten im Bauhandwerk vorhanden sind. Die Mitarbeit am Aufbau einer Tochtersiedlung ist bei den Männern sehr beliebt, denn es bedeutet, während der oft langen Abwesenheit von der Kolonie in provisorischen Unterkünften ein abenteuerliches Leben führen zu können, das sich durch seine gewisse Freizügigkeit von der strengen Reglementierung zu Hause stark unterscheidet. Konkret bedeutet dies z. B., daß man in dieser Zeit ungestraft Radio hören und häufiger Bier trinken kann als auf der Kolonie. Ich habe einige im Bau befindliche Höfe besucht und mit Erstaunen festgestellt, wie schnell sich eine junge Männergesellschaft ohne die Aufsicht durch die Autoritätspersonen zu einem relativ „wilden Haufen" entwickelt. Dazu trägt wohl auch der Umstand bei, daß die neuen Farmgebäude oft direkt am *Highway* errichtet und erst später an ihren künftigen Bestimmungsort *gemoved* werden. So besteht für die dort Arbeitenden durchaus schon einmal etwas außerhalb der Legalität die Chance zu einem Kino- oder Barbesuch in der nächsten Stadt. 1979 waren für den Kauf von 8600 acres Farmland zum Start eines neuen Hofes (Springwater Colony) in Saskatchewan 1,8 Millionen Dollar erforderlich.

Als ich im Oktober 1975 zu meinem ersten Informationsbesuch auf Riverview weilte, stand die Kolonie noch vor der Teilung und hatte etwa 120 Mitglieder. Es war die Zeit nach der Ernte, und fast die gesamte männliche Bevölkerung war damals abwesend, um ca. 80 km östlich die Tochterkolonie Quill Lake aufzubauen. Bei meinem ersten Forschungsaufenthalt 1977 war die Kolonie bereits geteilt und hatte in zwölf Familien nur noch 59 Mitglieder. Über das *Vonanandergehn* war aber noch tagtäglich die Rede, so daß ich nach und nach erfuhr, wie die heiße Phase dieses Prozesses abgelaufen ist. Die Spannung vor diesem Vorgang war auch noch nach Jahren zu spüren, denn bis zum eigentlichen *branching day* (*to branch* = sich verzweigen) wußte keines der Mitglieder, ob sein weiteres Schicksal mit dem alten oder dem neuen Hof verschwistert sein würde. Dem alles entscheidenden Tag war die Teilung des Viehbestandes und des landwirtschaftlichen Geräts vorausgegangen. Der alte Prediger hatte die Gemeinde in der Kirche um sich versammelt und seinen Namen sowie den Namen des jungen Predigers (Michael Stahl) an die Spitze zweier Rubriken an die Tafel geschrieben. Die männlichen Oberhäupter der einzelnen Familien wurden dann gefragt, welchem der beiden Prediger sie zugeordnet sein wollten. Diese Zuordnung war lange vorher diskutiert und ausgehandelt worden, so daß ein gutes Gleichgewicht an Alter, Geschlecht und Familiengröße in beiden Gruppen gewährleistet war. Sie gingen zur Tafel und setzten ihre Namen unter den eines der beiden Prediger. Daraufhin wurden die Frauen nach Hause geschickt, nur die Männer blieben dabei, als das entscheidende Los gezogen wurde. Der alte Prediger hatte zwei

Zettel mit „alter Hof“ und „neuer Hof“ beschriftet und in einen Hut gelegt. Zuerst zog der alte Prediger seinen Zettel, danach der junge: Michael Stahl hatte das Glück, auf Riverview bleiben zu dürfen, aber er hätte sich auch ohne Murren einer gegenteiligen Entscheidung gebeugt und wäre nach Quill Lake weitergewandert: „Wir haben hier keine bleibende Statt.“ In seiner Lebensbeschreibung geht Michael Stahl auch kurz auf den Teilungsprozeß ein (s. unten S. 136f.). Schon am nächsten Morgen war die Abschiedsstunde da, und bald setzte sich der Zug der „Auswanderer“ in einer langen Kolonne in Bewegung; auf beiden Seiten müssen viele Tränen geflossen sein. Aber nach zwei Jahren war die Trennung von vielen lieben Verwandten, Freunden und Nachbarn längst verschmerzt, und ich hatte eher den Eindruck, als ob die Dagebliebenen von den Quill-Lake-Leuten als von Fremdgewordenen sprachen, die es lernen mußten, auf eigenen Füßen zu stehen, und sich nur noch in Notfällen auf die Hilfe der Mutterkolonie verlassen konnten. Gewiß gab es auch noch häufige Besuche, aber die Beziehungen zur Tochterkolonie waren meinem Eindruck zufolge nicht inniger als zu anderen nahe gelegenen Dariusleut-Höfen. Und 1982 war die Zahl der Bewohner auf Riverview bereits wieder auf 67 Mitglieder angewachsen.

Nicht alle Kolonien folgen diesem Schema. Es sind durchaus auch Konstellationen denkbar, unter denen eine Teilung auf längere Zeit ausgeschlossen ist, beispielsweise bei Überalterung bzw. Nachwuchsmangel. Ich kenne eine Dariusleut-Kolonie in Saskatchewan, deren Namen ich nicht nennen möchte, die darunter zu leiden hat, daß einerseits mehrere der heiratsfähigen Männer den Hof verlassen haben und daß andererseits einige der jungen Frauen keinen Mann finden können. Diese Kolonie tritt in bezug auf die Bevölkerungsentwicklung auf der Stelle, obwohl sie wirtschaftlich zu den *well-to-do colonies* (wohlhabenden Kolonien) zu zählen ist und sich den Landerwerb für eine Tochtergründung leisten könnte. Sie investierte statt dessen in ein aufwendiges Bewässerungssystem für ihre Getreidefelder, optimierte dadurch die Ernteerträge und bietet den Bewohnern komfortable Behausungen mit Badezimmern im Basement und sonstigen Bequemlichkeiten, die fast an Luxus grenzen. Auch Riverview hat inzwischen die Badezimmerhäuschen außerhalb der Häuser aufgegeben und die Wohneinheiten mit Basements und eigenen Badezimmern versehen. Außerdem hat sich die Kolonie nach der erfolgten Teilung schon wieder auf den Weg zur nächsten Verzweigung gemacht. Dazu bedurfte es als allererstes eines zweiten Predigers, und das Glück wollte es, daß ich diesen bedeutenden Tag einer Predigerwahl auf Riverview während meines zweiten Aufenthaltes im Juli 1979 miterleben und an allen Verhandlungen teilnehmen konnte.

An einem Wochentag fand auf Riverview eine Konferenz aller mehr als 70 Dariusleut-Kolonien statt, an der 60 Prediger teilnahmen. Am Vormittag setzte der imponierende „Aufmarsch" der *Station Wagons* (Kombiwagen) und *Vans* (Lieferwagen) ein (die Hutterer benutzen aus Prinzip keine Personenwagen), denen viele würdige Gestalten in Schwarz entstiegen. Natürlich kannte man sich gegenseitig und hatte sich viel zu erzählen. Aber der stolze Gastgeber Michael Stahl drängte sie bald zur Versammlung in die Schule, denn es war zunächst ein Zusammentreffen mit fünf kanadischen Steuerbeamten zu absolvieren, bei dem es um die wichtige Frage der Besteuerung der hutterischen Kolonien als Kirche, als Korporation oder als Individuen ging. Die Hutterer verlangten seit geraumer Zeit, als Kirche besteuert zu werden; sie zahlten die Steuern bereitwillig, solange aufgrund regierungsamtlicher Bestätigung sichergestellt war, daß ihr Geld nicht zu militärischen Zwecken gebraucht wird. Das, was nach Abzug der Steuern von ihrem Einkommen übrigbleibt, fließt in ihre Gemeinschaft zurück, um die Mitglieder zu ernähren und die Zukunft ihrer Mitglieder sicherzustellen. Die Steuerbeamten waren demgegenüber der Meinung, die Hutterer stellten sich günstiger, wenn sie ihre Höfe nach dem individuellen System nach Personenzahl besteuern ließen. Sie schlugen vor, daß die Hutterer dafür Sozialversicherung und Familienförderung in Anspruch nehmen sollten. Die Predigerversammlung war dagegen, denn für diesen Fall bestand die Gefahr, daß ein *Apge-*

folner sich seinen individuellen Anteil am Kolonievermögen auszahlen lassen und somit den Hof schädigen könnte. Die Hutterer, deren Barvermögen damals wegen der ungelösten Steuerfrage in den Banken eingefroren war, fürchteten um den Fortbestand des *branching system* und schoben die Entscheidung über die Steuerfrage bis zu einer direkten Verhandlung mit der Regierung in Ottawa auf. Interessant war, daß sich die Prediger untereinander auf hutterisch unterhielten, während sie mit den Steuerbeamten englisch sprachen. Anschließend trafen sich alle zum *Lunch* im Speiseraum. Ich fragte meinen Tischnachbarn, einen Prediger von einer benachbarten Kolonie, was er vom Ausgang der Verhandlungen hielte. Sein Kommentar: *„It will cost us some more chickens"* (es gab Brathähnchen).

Der Nachmittag war den geistlichen Angelegenheiten vorbehalten. Michael Stahl konnte somit zwei Fliegen mit einer Klappe schlagen, denn er nahm die Gelegenheit der Anwesenheit vieler Prediger wahr, um auf seiner Kolonie „Prediger stimmen" zu lassen. Er brauchte einen zweiten Prediger auf seinem Hof, und eine solche Wahl kann nur bei einer Predigerversammlung vorgenommen werden. Nach dem Mittagsmahl traf sich die ganze Gemeinde zu einer *Lehr* in der Kirche. Die 60 Prediger hatten dafür alle ihr Prediger-Röckel angelegt, es war sehr feierlich, und so voll hatte ich die Kirche in Riverview noch nie erlebt. Zur Feier des Tages wurde zunächst vom Ältesten der anwesenden Prediger ein Lied aus dem Großen Hutterischen Gesangbuch angesagt, danach folgte eine lange Lehre, in die sich zwei ältere Prediger teilten. Nach dem im Knien verrichteten Gebet und dem Schluß des Liedes zogen alle Frauen aus der Versammlung aus *(„Die Briedr können sitzen bleibm")*. Auch diejenigen männlichen Mitglieder, die nicht Zultbrüder oder Prediger sind, mußten vorübergehend den Raum verlassen. Die im Raum verbliebenen Männer waren alle stimmberechtigt und verhandelten über die Aufstellung der Kandidaten. Es ging um zwei Kolonien, Star City und Riverview. Als die übrigen Männer wieder zugelassen wurden, standen an der Tafel links zwei Namen für die Predigerwahl der Star City Colony, rechts drei Namen für Riverview. Ich kannte die eigenen Kandidaten natürlich sehr gut und konnte mir einigermaßen ausmalen, was in ihnen vorging, denn keiner von ihnen war auf die Nominierung vorbereitet. Es wären sicher noch zwei oder drei andere Männer im gleichen Alter für das Amt in Frage gekommen.

Vor dem eigentlichen Wahlakt knieten nochmals alle nieder, und der Älteste bat Gott um den Segen für die Wahlhandlung. Dann wurden die Stimmzettel ausgeteilt. Jeder Stimmberechtigte erhielt zwei Stimmzettel, auf die er jeweils einen der vorgeschlagenen Namen schreiben sollte. Zuerst wurde für Star City gewählt, dann für Riverview. Jeder Kandidat, der mehr als vier Stimmen erhielt, kam in das sogenannte Los. Alle Kandidaten erreichten dieses Quorum. Nach dem Auszählen der Stimmen wurden auf dem Predigertisch zwei Hüte aufgestellt, in welche zwei bzw. drei Zettel gelegt wurden. In jedem Hut stand jeweils nur auf einem Zettel „Prediger". Jetzt wurden die Kandidaten nach der Reihenfolge ihres Alters hervorgerufen, um einen Zettel zu ziehen. Die Kandidaten entfalteten die Zettel und legten sie dem Ältesten vor, der den Vorsitz hatte. Für Riverview war Levi Tschetter gewählt, der als Zultbruder bereits das Amt des deutschen Schullehrers und Gärtners bekleidete. Den Schluß der ca. drei Stunden in Anspruch nehmenden Zeremonie des *Prediger Stimmens* war die Vermahnung aller anwesenden 60 Prediger an ihre beiden neugewählten Amtsbrüder. Es ging wieder dem Alter nach. Nur die ältesten Prediger fanden eigene und angemessene Formulierungen für diesen Anlaß, die jüngeren schlossen sich oft eher unbeholfen an ihre Vorredner an: *„Ich kann auch nix onders sogn, dr Himmlvotr soll ihnen helfen"* u. ä. Das Wort wurde an den jeweils Jüngeren weitergegeben mit der Floskel „Weiterreden". Der neugewählte junge Prediger der Riverview Colony war durch diese Vermahnungen zuletzt sichtlich gerührt und begab sich direkt in sein Haus, um dort nicht etwa die Glückwünsche, sondern die Tröstungen seiner Angehörigen entgegenzunehmen. Bei den Hutterern erstrebt man ein solches verantwortliches Amt nicht, man wird

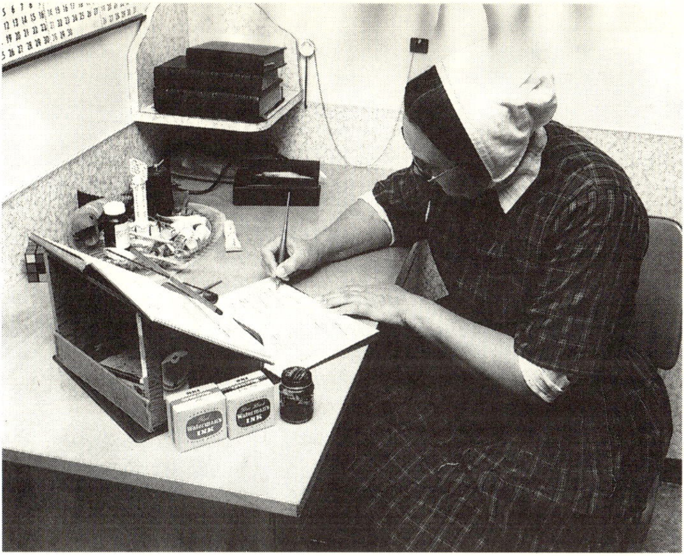

Abb. 25: Riverview Colony. Sarah Stahl, die Frau des Predigers Michael Stahl, beim Kopieren einer Predigthandschrift (man beachte den Zauberwürfel im Hintergrund!). Auf diese Weise hat Sarah für ihren Mann ca. 60 Predigtbücher abgeschrieben, Michael hat sie in schwarzes Kunstleder gebunden. Jüngere Predigerehepaare haben oft nicht mehr die Zeit zum Kopieren und beziehen aus der Dariusleut-Colony Cayley in Alberta fotokopierte Bücher.

dafür auserwählt, und da es den Gewählten eher unvermittelt trifft, überwiegt bei ihm die Angst, ob er dieser Wahl überhaupt würdig und den damit verbundenen Aufgaben gewachsen sei. Ich hatte zu dem neugewählten Prediger ein sehr gutes Verhältnis; dies blieb auch in den folgenden Jahren, aber ich konnte später deutlich die Veränderungen wahrnehmen, die das Amt bei ihm bewirkte. Er war jetzt noch mehr zur Respektsperson geworden, mußte als junger Prediger mit einem untadeligen Lebenswandel von nun an stets Vorbild sein, um später einmal als geistliches und weltliches Oberhaupt seine eigene Kolonie zu übernehmen. Seine Laufbahn als junger Prediger habe ich genau verfolgen können. Der mit 42 Jahren jetzt schon „alte“ Prediger Michael Stahl ließ seinem neuen Gehilfen erst einmal ein paar Wochen Zeit, sich an den Gedanken zu gewöhnen, daß er in Zukunft *Gebet* und *Lehr* halten müsse, daß er berechtigt sei, Taufhandlungen, Trauungen und Beerdigungen vorzunehmen. Seine Frau Anna, mit der er sieben Kinder hatte, mußte sich darauf einstellen, für ihren Mann einige Dutzend Predigthandschriften zu kopieren (Abb. 25). Fürs erste half ihm der alte Prediger mit einigen seiner Dubletten aus. Drei Wochen später war es dann so weit, daß Levi bei einem nachmittäglichen *Gebet* sein erstes Lied ansagen mußte, was noch eher kläglich ausfiel. Derweil traf die Predigerfamilie Stahl Vorbereitungen dafür, daß die beiden Prediger künftig gemeinsam im Haus Stahl ihre Mahlzeiten einnehmen konnten. Noch eine Woche später stand dann sein erstes nachmittägliches Gebet auf dem Programm, was ihn derart mitnahm, daß er kaum einen verständlichen Satz zustande brachte. Anschließend soll er zusammen mit seiner Frau die halbe Nacht vor Scham geweint haben. Bei der Wiederbegegnung drei Jahre später war das alles längst vergessen: Aus Levi war ein selbstbewußter und gewandter Mann geworden, der seine Skrupel längst überwunden hatte, in seinen Predigten durchaus auch eigene Gedanken einzuflechten verstand und seine Aufgabe problemlos meisterte. Gleiches läßt sich nicht von allen jungen hutterischen Predigern behaupten. Viele von ihnen bleiben auch nach langer Übung als Laienprediger ohne jede Ausstrahlung und Selbständigkeit. Dies ist der negative Effekt eines Systems, das seine Diener des Wortes nicht nach ihren Befähigungen fördert und gezielt ausbildet, sondern nach dem Zufallsprinzip auswählt. Ähnliche Kritik ist an das Lehreramt zu adressieren.

Schriftsprache und Mundart der Hutterer

Anfangs habe ich mit den Hutterern meist hochdeutsch oder hin und wieder auch englisch gesprochen. Was der Gewöhnung bedurfte, war das allgemein herrschende, brüderliche Du. Die Hutterer kennen das „Sie“ überhaupt nicht und sprechen jeden Besucher oder Unbekannten, der sich ihnen mit der deutschen Sprache nähert, unbefangen mit Du an. In der ersten Zeit kostete es mich Überwindung, den Prediger oder gar seinen Vater, den *Michel Olvettr,* zu duzen. Die älteren Hutterer sprechen hochdeutsch noch einigermaßen geläufig, es ist aber immer mit Mundart und altertümlichen Ausdrücken durchsetzt (häufige Fragen an mich: *Wer bist'n? Bist mit'm Luftschiff kumme? Bist du e Katholer oder e Lutherischer?*). Dagegen fällt das Hochdeutsche den jüngeren Koloniemitgliedern schwer, da sie es in der deutschen Schule nur in Verbindung mit ihrer Religion lernen und kaum dazu angeleitet werden, es auch im täglichen Leben anzuwenden. Es wird deshalb auch als hutterische Bibelsprache oder Heilige-Schrift-Sprache, als Kirchensprache oder Predigthutterisch bezeichnet. Da ich aber das Englische eher vermeiden wollte, habe ich mich von Anfang an intensiv dem Erlernen der Mundart zugewandt. Beinahe täglich verstand ich mehr davon und habe mich auch nicht davor gescheut, Fragen nach der Bedeutung einzelner Redewendungen zu stellen und sie in meinem Büchlein zu notieren. Nach wenigen Wochen des Trainings habe ich die hutterische Mundart gut verstanden und mich ihrer mit immer größer werdender Selbstverständlichkeit bedient. Eines Tages unterhielt ich mich im Wohnraum meiner Gastfamilie auf hutterisch mit Besuchern von einer benachbarten Kolonie. Sarah, die Frau des Predigers, kam hinzu, hörte eine Weile schweigend zu und äußerte dann spontan: *„Du redst jetzt grod so wie wir. Kola wie a Hutterischer!“* Ich habe das als großes Kompliment aufgefaßt. Meine zunehmende Integration in die Gruppe konnte ich auch am sprachlichen Verhalten der Kinder ablesen. Anfangs, wenn ich mich dem Haus näherte, sagte die siebenjährige Bertha zu Sarah: *„Muttr, dr Mensch kummt.“* Nach einigen Wochen hieß es in der gleichen Situation: *„Muttr, dr Rolf Vetter kummt.“*

Bei den vielen Gesprächen, die die Grundlage des folgenden kleinen hutterischen Wörterbuchs waren, habe ich immer wieder als sehr angenehm empfunden, daß bei den Hutterern sehr wenig über nicht anwesende Personen gesprochen wird. Und wenn dies der Fall ist, so gibt es bei ihnen doch nicht die üble Nachrede oder den Klatsch. Personen, über die man nichts Gutes zu berichten weiß, werden eher ganz aus der alltäglichen Kommunikation ausgeblendet, als daß man schlecht über sie redet.

Kleines hutterisches Wörterbuch

Grundlage für das rasche Erlernen des Hutterischen war mein Verzeichnis von Dialektausdrücken, die ich auf Riverview kennenlernte. Ihrer Herkunft nach können sie in drei Gruppen eingeteilt werden: zum einen in diejenigen Wörter, die auf bairisch-österreichische Herkunft zurückgehen, zum zweiten in solche Wörter, die während der Zwangswanderungen der Hutterer in Osteuropa aus verschiedenen osteuropäischen Sprachen, vor allem dem Ukrainischen, aufgenommen worden sind, drittens in moderne Übernahmen aus dem Englischen. Das folgende Verzeichnis schöpft ausschließlich aus der heutigen Sprache der Dariusleut. Zu den beiden anderen hutterischen Gruppierungen gibt es einige Unterschiede, die hier nicht berücksichtigt werden konnten, weil sich meine Kontakte auf die Angehörigen der Dariusleut-Kolonien konzentrierten. Für die weiteren sprachwissenschaftlichen Zusammenhänge und ein umfassenderes Wörterbuch des Hutterischen kann auf die Publikation von Scheer (1987) verwiesen werden.

I. Bairisch-österreichische Mundartwörter

Almer, f.; *Almela*, n.	kleiner Schrank, Hängeschrank, von lat. armarium
Ankela, f.	Großmutter, auch ältere Frau, doppeltes Diminutiv zu Ahn
Ale, f.	Eier
Allmechtela!	Allmächtiger!
Allweltele!	alle Welt! (Ausruf des Erstaunens)
Apgefolner, m.	ehemaliges Mitglied, das „in der Welt lebt", Abtrünniger
Augenglas, n.	Brille
Bankarantza, m.	Sitzbank
Basl, f.	Kusine, aber auch jede verwandte oder nichtverwandte Hutterin mittleren oder höheren Alters
Blitzer, m.	Melone, Zuckermelone
doda	hier
enk	ihr, euch
Fiertiech, n.	Schürze
Fraintschaft, f.	Verwandtschaft
gamezen	gähnen
Gekuttrich, n.	lautes, schrilles Gelächter
Gelznen, f.	Stechmücken
Gemá, f.	Gemeinde, Kirchengemeinschaft eines Huttererhofes
Gerschtel, f.	Suppe mit Einlage
Geschwistrig, pl.	Brüder und Schwestern (Anrede der Gemeinde in der Predigt)
gleichen	Gefallen finden; altes hutt. Wort, erst neuerdings von *to like* beeinflußt
Gumpen, f.	Pumpe
Hackele, n.	Haken zum Verschließen der Türen

Hatschaputscha, f.	Hagebutte
haudrisch	unachtsam, schludrig
hinter	zurück; *hinterbacke* = zurücksetzen
Honkelich, m.	Pfannkuchen
iber	drüben
Jopp, f.	Jacke
kola	nur, bloß
kraupet	ungekämmt
kraxet	mager, dürr
Leicht, f.	Beerdigung
Leilich, n.	Leintuch, Bettuch
Letzelte, f.	Gebäck, Lebzelten
Logel, f.	Faß, Fäßchen
maklich	bequem, gemütlich
Merkfetzel, n.	Stickmustertuch, Sampler
olba	alleweil, immer
Oltele, n.	älterer Mensch
Pfat, n.	Hemd
Plutzer, Plotze, m.	großer Steingutkrug, dickbauchige Flasche
Polster, n.	Kissen
Rān, f.	Rote Rüben
Reidel, f.	Türklinke
Saftn, f.	Seife
Schnur, f.	Schwiegertochter
Schutenkrapfen, m.	mit Quark gefüllte Krapfen
Sessel, m.	Stuhl
spazieren	zu Besuch gehen und sich gut unterhalten
Spiekiefer, m.	Fernglas
Stiebel, n.	Versammlung der Zultbrüder
Stimpf, f.	Strümpfe
tes	ihr, Pers. pron. 2. Pers. pl.
Totengartn, m.	Friedhof
Tschichtl, n.	Geschichte, Erzählung
Vetter, m.	Vetter, Verwandter. In Zusammensetzung mit Namen wird Vetter auch für Nicht-Hutterer gebraucht, die den hutt. Brüdern nahestehen, z. B. *Rolf Vetter*

Wannig, f.	Jacke mit ganzem Ärmel
Woch, f.	Totenwache
Zeugbruder, *Zultbruder*, m.	Mitglied im Rat der Ältesten, von Zeuge, Glaubenszeuge
Zuckerstrangeln, f.	Erbsen
Zultbrieder, pl.	Amtsträger

II. Lehnwörter aus osteuropäischen Sprachen

Andiker, m.	Truthahn, Truthenne, von ukr. *indyk*
Barusch, *Parusch*, m.	Spottname für die Angehörigen der im Eigentum lebenden Prärieleut *(Mennonite Hutterites)*, möglicherweise von ukr. *porusyty* = verletzen, brechen
Garez (f. ?)	Schöpfkelle, von ukr. *harec'* = Getreidemaß
Gasa, Gascha	Kartoffelsuppe, von ukr. *kasa*, Grütze
Gietsch	Wassermelone, Kürbis, von russ. *gič* = zarte Gemüseschößlinge
Gradus, m.	Thermometer, zu russ. *gradus* = Grad
Haptschínka, f.	Erntedankfest, zu ukr. *obzynky*
Hulba, f.	Polterabend, von ukr. *hul'ba* = Festgelage, Tanz, Vorfeier zur Hochzeit
Katús, m.	Kappe, von russ.-ukr. *kartuz* = Mütze
Kratzawitz, m.	Gurke, von rumän. *castraveti*
Pietsch, m.	Backofen, zu ukr. *pič*
Step, m.+f.	Feld, zu russ.-ukr. *step* = Steppe
Swaha, f.	Mutter von Schwiegersohn oder Schwiegertochter, von ukr. *svacha* (Sarah: *„Mei Schwieger und mein Muetr san Swahinne"*)
Swat, m.	Vater des Schwiegervaters, von ukr. *svat* (Sarah Stahl: *„Mei Schwäher is meim Voda sein Svat. Die englischn Leit hom kon Nomen for des"*).
Tschabadan, m.	Reisekoffer, zu ukr. *čemodan*
Tschaikele, f.	Möwe, von ukr. *čajka*

Tschainik, m.	Teekessel, Wasserkessel, von ukr. *čajnyk* = Teekessel
Veroniki, f.	mit Fleisch oder Käse gefüllte Mehltasche, von ukr. *varenyky*
Wakleschan, m. od. f.	Tomate. Türk. *patlydzan* = Aubergine wurde als *baklazán* ins Russ.-Ukr. übernommen; die Mennoniten bezeichneten so die Tomaten und gaben diese Bedeutung an die Hutterer weiter.

III. Lehnwörter aus dem Englischen

(Es wurden nur solche Ausdrücke aufgenommen, die die Hutterer als Teil ihrer eigenen Sprache empfinden. Die Masse der im täglichen Sprachgebrauch verwendeten englischen Wörter wurde nicht berücksichtigt).

actually	wirklich, tatsächlich
agreed	*„mir hobm net gonz agreed“* = wir waren nicht ganz einer Meinung
auger, m.	Bohrer, Förderband
behäven	sich benehmen *(„behav di!“)*
bränschen	teilen, auseinandergehen
Buggy, m.	leichter, von einem Pferd gezogener Wagen
Combine, f.	Mähdrescher
Commouschen, f.	Unruhe
Farm Boss, m.	für hutt. *Wainsedl, Weinzierl*
fertilizen	düngen
gesteilt	von *styled* = modern, der hutt. Tradition widersprechend gekleidet
jusen	gebrauchen, verwenden
moven	(sich) bewegen, umziehen
paticklich	besonders genau, zu *particular*
Pfremlein, n.	Bilderrahmen, Dim. zu *frame*
plenty	reichlich
raisen	anbauen, ziehen, produzieren, von *to raise*

renten	mieten, pachten
Riber, Reber, m.	Fluß, von *river*
shäven	rasieren, von *to shave*
spenten	Geld ausgeben, von *to spend*
törnen	drehen, von *to turn*
trouble, pl.	Schwierigkeit
Truck, m.	Lastwagen
watchen	beobachten

Das Wörterbuch zeugt davon, daß Sprache auch bei den Hutterern durchaus ein lebendiges Erbe darstellt und deshalb die Spuren der Siedlungstätigkeit dieser Menschen auf zwei Kontinenten deutlich erkennen läßt. Im Hinblick auf die gesprochene Sprache des Alltags erweist sich damit die hutterische Kultur als dynamisch und anpassungsfähig. Ein Urteil wie das von Maria Hornung, welches sie der hutterischen Mundartkunde von Scheer vorangestellt hat, bedarf daher zweifellos der Revision: *„Die in den Vereinigten Staaten und Kanada weit verstreut und in absoluter Isolation befindlichen Bruderhöfe der Hutterer werden durch ihre mit unglaublicher Traditionstreue erhaltene sprachliche Einheit wie durch ein unsichtbares Band zusammengehalten"* (Scheer 1987, S. I).

Die hier gepriesene Traditionstreue bezieht sich nämlich nur auf die Pflege der Schriftsprache. Sie bedient sich im Predigthutterisch der Gottesdienste ausschließlich historischer Texte, die in ihrer Mehrzahl im 17. Jahrhundert fixiert worden sind. Sie bedürften dringend der Übertragung in unser heutiges Deutsch, und parallel dazu bedürfte die deutsche Schule einer durchgreifenden Reorganisation. Solange sich die Hutterer gegen solche Reformen sträuben, wird die Attraktivität des Hochdeutschen für die nachwachsenden Generationen immer mehr abnehmen, der Gebrauch wird weiter verkümmern. Die Lösung, die manche Schmiedeleut-Kolonien in Manitoba für das Sprachproblem gefunden haben, zeigt die Richtung, in der sich die Hutterer bewegen werden: Sie sind dazu übergegangen, die barocken Predigtsammlungen ins Englische zu übersetzen.

Die Erzählkultur

Im Kapitel über die Ordnung des Alltags auf einem Hutterhof wurde herausgearbeitet, daß dort die modernen Kommunikationsmittel Radio, Kassettenrecorder, CD-Player, Fernseher, Video, elektronisches Spielzeug usw. nicht geduldet werden. Es ist zwar unverkennbar, daß besonders die audiovisuellen Medien eine große Anziehungskraft auf die Mitglieder einer Kolonie ausüben, zumal auf die jüngeren unter ihnen. Bei den seltenen Besuchen in der Stadt kann man es erleben, daß hutterische Kinder und Jugendliche der Faszination des Fernsehens völlig erliegen und über den elektronischen Bildern Zeit und Raum vergessen. Auf der Riverview Colony wurde von zwei Mitgliedern erzählt, daß sie einmal vom Nachbarfarmer engagiert worden waren, um bei einer dringenden Arbeit zu helfen. Sie seien ins Farmhaus gekommen, das TV sei eingeschaltet gewesen, und die beiden Hutterer seien von dem laufenden Programm so gefangengenommen worden, daß sie darüber den an sie erteilten Auftrag völlig vergaßen und erst nach Stunden entdeckt wurden. Aber solche Begegnungen mit der modernen Medienwelt spielen sich „draußen" in der Welt ab, auf dem Hof der Dariusleut ist so etwas kaum denkbar. Hier herrscht für die Gestaltung der Freizeit in den Familien die direkte Kommunikation von Mensch zu Mensch vor, wofür allenfalls die hutterischen Schriften als Medien verwendet werden.

Es käme aber dennoch einem großen Mißverständnis gleich, wollte man das hutterische Bruderhofsystem aufgrund der totalen Abstinenz gegenüber den modernen Medien unter dem Gesichtspunkt einer rein mündlichen Kultur betrachten. Bevor ich mich dieser zuwende, muß ich noch einmal betonen, daß die hutterische Bewegung von ihren großen Führerpersönlichkeiten geprägt ist und sehr früh eine eigene Schriftkultur entwickelt hat. Die religiösen Grundlagen der Hutterer sind seit Jahrhunderten schriftlich fixiert und werden als verbindlicher Kanon in Form von Liedern, Predigten, Gebeten und Traktaten bis zum heutigen Tag bei Lehr und Gebet, in der deutschen Schule, in der Sonntagsschule und nicht zuletzt im Familienkreis tagtäglich verlebendigt (vgl. Szöverffy 1963). In jeder Familie befindet sich in der *Almer* ein Grundbesitz an hutterischer Literatur, der von Zeit zu Zeit hervorgeholt, aus dem vorgelesen und gesungen wird, besonders an den langen Winterabenden. Ein Teil der täglichen Kommunikation auf einem Bruderhof besteht daher auch heute in der Wiederaneignung des geistigen Erbes, das den Mittelpunkt der Identitätsarbeit dieser Täufergemeinschaft bildet.

In diesem Kapitel soll aber dem Erzählen Aufmerksamkeit gewidmet werden. Dies ist ein Teil der hutterischen Kultur, welcher in den zahlreichen Studien über das Leben dieser Gruppe bisher keinerlei Beachtung gefunden hat. Er erschließt sich nur dem, der längere Zeit Gelegenheit zur Teilnahme an den Gruppenaktivitäten hat und bereit ist, intensiv zuzuhören. Neben den religiösen Traditionen, die immer präsent sind, beanspruchen auch ‚weltliche' Themen durchaus ihren Platz. Dies gilt zunächst für das Feld der alltäglichen Kommunikation, wozu es jeden Tag genug Gelegenheiten gibt. Es sind weniger die gemeinsamen Mahlzeiten, die nach hutterischer Tradition „in der Still" eingenommen werden, sondern die zahlreichen Begegnungs- und Gesprächsmöglichkeiten während der gemeinsamen Arbeiten im Feld, im Garten, im Stall, in den Werkstätten, in der Küche usw. Von entscheidender Wichtigkeit ist jedoch das allabendliche *social gathering*, die gesellige Zusammenkunft von Erwachsenen und Kindern. Die Familien, deren Mitglieder tagsüber im Kindergarten, in der Schule und an den verschiedenen Arbeitsplätzen ihre eigenen Wege gehen, finden sich hier um so enger zusammen. Zwischen der

Abendmahlzeit und dem Zubettgehen, nach Beendigung des Familiensingens, setzt in täglich wechselnder Besetzung eine überaus intensive Kommunikation ein, die keineswegs auf die einzelne Familie begrenzt ist. Man pflegt in dieser Zeit von Haus zu Haus zu gehen, ohne irgendwelchen Zwang, ohne festgelegte Regeln oder Reihenfolge; jeder ist überall willkommen. Die Hutterer nennen diese Form der Besuchskultur *spazieren.* Im Sommer ist der traditionelle Versammlungsplatz entweder die Bank hinter dem Haus oder die Sommerküche, im Winter trifft man sich im vorderen Haus. Bei diesen informellen Anlässen werden die Neuigkeiten des Tages ausgetauscht, Vorkommnisse auf der eigenen oder auf anderen Kolonien besprochen, Pläne für den nächsten Tag gemacht usw. In diesem abendlichen Palaver, in den Gesprächen über „Gott und die Welt" erlebt der Außenstehende die ganze Vitalität der hutterischen Sprache, ihre Fähigkeit, sich die gesamte moderne Welt einzuverleiben, ohne damit den Charakter einer deutschen Mundart im entferntesten aufzugeben.

Über die Mundart haben wir im Kapitel über die Sprache gesprochen, deshalb soll hier nur der Umstand Erwähnung finden, daß den vorhandenen Darstellungen über das Hutterische (Rein 1977; Scheer 1987) ein großer Mangel anhaftet: Sie operieren zwar mit umfangreichen Wörterverzeichnissen, stellen deren Bestandteile aber nicht in den Kontext der gesprochenen Sprache. Mit anderen Worten: Es gibt bisher in der Literatur, von ganz wenigen Sprachproben abgesehen, keine Informationsmöglichkeit darüber, wie die Hutterer wirklich sprechen und wie ihre Kommunikationsinhalte aussehen. Im folgenden sollen die Hutterer als ausgezeichnete Träger und Vermittler von Volkserzählungen vorgestellt werden. Die Bedeutung dieser Dokumente für die Erzählforschung ist sehr hoch einzuschätzen, denn bei dieser Bevölkerungsgruppe wird der Forscher mit einer anderswo in Europa kaum noch anzutreffenden Überlieferungssituation konfrontiert. Die Erzählungen der Hutterer sind noch überwiegend Teil ihrer mündlichen Kultur und eingebettet in die natürlichen Lebensabläufe. Das Erzählen hat seinen angestammten Platz bei den erwähnten abendlichen Zusammenkünften, wenn die Alltagsgespräche allmählich verstummen und sich die Erwartung der erwachsenen und jugendlichen Zuhörer auf einen der anwesenden Erzähler einstellt, von dem sie wissen, daß er aufgrund seiner Erzählbegabung und seines Repertoires in der Lage ist, seine Zuhörer mit einem längeren *Tschichtl* (Geschichte) zu fesseln.

Bei den abendlichen Erzählrunden dominieren die männlichen Erzählerpersönlichkeiten. Die Prediger sind oft die wichtigsten Traditionsträger in den Kolonien. Dies ist leicht zu erklären: Sie müssen sich für ihr Amt rhetorische Fähigkeiten aneignen, und im fast täglichen Umgang mit den historischen Predigttexten schulen sie beständig ihr Gedächtnis, so daß sie oft ganze Predigtpassagen auswendig können. Ein weiterer Grund für die Erzählfreudigkeit der älteren hutterischen Prediger kommt hinzu: Wie kaum ein anderes Mitglied einer Gemeinde haben sie als oberste geistliche und weltliche Autorität einer Kolonie die Möglichkeit zu häufigen Kontakten mit anderen Kolonien und mit der Außenwelt: bei Predigerversammlungen, bei der Bestellung und Lieferung von Waren, beim Besuch von Behörden und Banken usw. Hier findet der interessierte Erzähler ständig Möglichkeiten, sein Repertoire durch neue Inhalte zu erweitern und nach der Heimkehr die Mitglieder seiner Kolonien damit zu unterhalten. Für die im folgenden mitgeteilten Texte bedeutet dies, daß nicht nur altüberlieferte hutterische Stoffe erwartet werden dürfen (die es durchaus gibt), sondern daß sich (im Sinne von K. A. Peter 1987) die hutterische Kultur auch hier als dynamisch, flexibel und für Neues aufnahmefähig erweist. Die nachfolgenden Textproben sind vom Tonband transkribiert und – unter Verzicht auf diakritische Zeichen – in einer auch für den Laien leicht lesbaren Sprachform wiedergegeben. Zu speziellen hutterischen Wörtern vgl. das Wörterbuch auf S. 109–113. Englische Wortformen sind durch *Kursivdruck* kenntlich gemacht.

RWB: Michael, verzell mol dos Tschichtl von dem Kenig un dem Hirten und dem Rätsel: Der Pastor ohne Sorgen; das war so einer wie du.

Michael S. Stahl: *O.k.*, der Pastor ohne Sorgen. Dr Kenig is amol ausgangn spazieren. Do kumpt er hie un sicht er a Blott aufgschlogn: ‚Pastor ohne Sorgen'. Oh, stehn blieben. ‚Sich ich do recht, Pastor ohne Sorgen?' ‚Hm', sog er, ‚wonn der Pastor kane Sorgn hot, do wer i ihm Sorgn mochn.' Einigfohrn, einigrittn: ‚Jo, gudn Dog, Pastor!' – ‚Jo, gudn Dog, Kenig. Äh, Herr Kenig, jo.' Schean begrießt. ‚Draußn hob i gsehn, bein Dor is a *sign*, mir sogn a Blott aufgeschlogn. Do sog's: Pastor ohne Sorgen'. – ‚Jo, i hob kaner Sorgn.' – ‚Su, du host kaner Sorgn? Wonn du kaner Sorgn host, un du bist Pastor, ich bin dr Kenig von dem gonzen Land, hob viel Sorgn, na werd i dir Sorgn mochn, jou'. – ‚Jo, Herr Kenig, sog on.' – Sog er: ‚Iber a Wochn wer i hintrkommen, werst du mir die drei Frogn beantwortn: Wie dief is's Meer, wie houch dr Himmel, un wie weit rund um die Welt?' – ‚Oh', sog dr Pastor, ‚dos is net leicht.' – ‚Obr', sog dr Kenig, ‚wann ich in nr Woch hintrkomm und du konnst mir das net beantworten, kommt dr Kopf ob'. – Oh, mein! Jo, wie der Kenig wegfährt, hot der arme Pastor agfange sich Gedanken mochn: ‚Mein Jammer auf dr Welt! Kopf ob! Bis jetzt hob i do a *sign* ghob. Bin ich a dummer Mensch! Jetzt is dr Kenig kumme: Pastor ohne Sorgen! Jetz hob i Sorgn!' Hm. Sitzt traurig, gonz traurig.

Jo, an Dog geht vorbei. No denkt er: *Well*, ich konn net beantwortn. Ondr Dog geht vorbei, traurig. Kummt sei Freind a, dr Schäfer. ‚Herr Pastor, warum sitzt'n du so traurig, olba bist du so frehlich, heint sogst du nix, was fahlt'n?' – ‚Oh', sogt er, ‚ich werd nimmer long lebn.' – ‚Warum?' – ‚Jo, dr Kenig is kumme do, hot er mir aufgebn die Ratsel'. – ‚Was fer Ratsele?' – ‚Wie dief is's Meer, wie houch dr Himmel, wie lang nimmt's rund um die Welt, von an Ort der Welt zum ondern?' – Sogt der Schäfer: ‚Dos is jo leicht. Wann kumm er'n hinter?' – ‚In zwa Dog.' – ‚I werd dir sogn', sogt er. ‚Willst du meiner Schof nehme?' – ‚Jo *sure,* wann ich man Kopf ka bholtn, konnst mir dane Schof gebm. Wos wirst du dan?' – ‚Du gib mir dan Pastorrock, dein Predigerrock, und ich wer dem Kenig schon beantworten.' – ‚Jo, werst du kennen?' – ‚Jo, worum nich? Is doch leicht!' – ‚Allmechtele! Du konnst dos ausrichtn, ich konn man Kopf beholtn?' – ‚Na *sure,* dos konnst du leicht. Konnst du, konnst du!' – ‚Ich bedonk mich auch.'

Hom sie getauscht: Dr Pastor hot die Schof gnomme und is los afn Berg rauf mit die Schof. Jo, dr Schäfer nemmt dem Pastor sein Rock, legt a. Am nechsten Dog kommt dr Kenig. ‚Hoho, Herr Pastor, bist du noch sau, wie dein Blott auß sog, Pastor ohne Sorgen?' – ‚Oh jou', sog dr Schäfer, ‚worum nit?' – ‚Jo, i hob dr ouch doudr Fragn gstellt. Konnst die beantwortn?' – ‚Gewiß, gewiß, die konn ich dir beantwortn. Ich hob doch mein Blott aufgeschlogn do drauß, ›Pastor ohne Sorgen‹.' – ‚Na jo', sog dr Kenig zum Schäfer, ‚wie tief is's Meer?' – ‚Einen Steinwurf.' – ‚Gut geantwortet', sogt er, ‚guet, guet geantwort. Wie weit is dr Himml?' – ‚Eine Seelereis'. – ‚Guet, guet, guet geantwortet. Obr', sog er, ‚wie weit von an Seit von der Welt zu dr andere?' – ‚Jo', sogt er, ‚dos is doch leicht, amol die Sonnen rund gehn'. – ‚Guet, guet geantwortet', sogt er; ‚ans mecht ich noch frogn dich: wos denkt'n dr Kenig jetz?' – ‚Dr Kenig, dr denkt, der red mit'ere Pastor, obr ar red mit'ere Schäfer'. – Drum war's guet, wenn manige Pastor a Schäfer war, un manige Schäfer a Pastor.

Die Aufzeichnung dieser Geschichte nach der Erzählung von Prediger Michael Stahl erfolgte im September 1977 in Anwesenheit seiner Frau, seiner beiden Schwestern und drei seiner acht Kinder. Ich hatte sie schon einmal von ihm im anderen Kreis gehört, als keine Möglichkeit bestand, sie auf Tonband festzuhalten. Von daher wußte ich, daß es sich um sein *Leib- und Magenstickl* handelt, obwohl der Pastor darin nicht gerade eine rühmliche Rolle spielt. Ich habe später noch oft gehört, daß die Mitglieder anderer Kolonien ihn als ‚Pastor ohne Sorgen' bezeichnet haben. Mit dieser Rolle identifizierte er sich gerne, denn sein Hof gehörte in dieser Zeit zu den

„well-to-do colonies“, hatte die Teilung sehr gut überstanden und entwickelte sich weiterhin prächtig.

Die Wiedergabe der Erzählung ist hier für die Verhältnisse des Erzählers eher knapp, mitunter oft telegrammstilartig. Dies ist darauf zurückzuführen, daß die Wiedergabe für die Zwecke der Tonbanddokumentation erfolgte und die Anwesenden die Geschichte bereits kannten. Seine Erzählkunst hätte ihn befähigt, die Geschichte nach Belieben auf die doppelte oder dreifache Länge auszudehnen, wie ich später bei anderer Gelegenheit erleben konnte. Was er erzählt, ist eine Variante des berühmten Schwanks vom ‚Kaiser und Abt' (Aarne/Thompson 1961, Typ Nr. 922), der Walter Anderson 1923 eine Monographie gewidmet hat. Den Ergebnissen dieser Studie zufolge ist der Erzähltyp von der Weisheitsprobe durch drei schwierige Fragen gegen Ende des 7. Jahrhunderts n. Chr. in einer jüdischen Gemeinde im Vorderen Orient entstanden und hat auf seinem Wanderweg schon Anfang des 13. Jahrhunderts Westeuropa erreicht. Im deutschen Sprachraum ist der Schwank bis ins 20. Jahrhundert hinein lebendig geblieben. Die von Michael Stahl erzählte Variante gehört einem wohl erst im 18. Jahrhundert entstandenen jüngeren Seitentyp an, der durch die Inschrift am Hause des ohne Sorgen lebenden Pastors charakterisiert ist. Da dieser Subtyp in Nordamerika nicht bekannt ist, muß angenommen werden, daß in Gestalt dieses Textes ein Stück oraler Tradition aus dem Aufenthalt der Hutterer in Osteuropa den Weg in ihre jetzige Heimat gefunden hat.

Die von den Mäusen gefressene Pflugschar

(Dem Armen glaubt man nichts, solange er arm ist; kommt er zu Reichtum, glaubt man ihm die größten Lügen)

Michael S. Stahl: Ich bin do mit'n Vettr noch Saskatoon gfohrn, un af dem Weg oi hot er mir dos Tschichtl verzehlt. Er sog, sie hom olba verzellt von Rußland: Im Darf is a Mensch gwesen, a gueter, freundlicher Mensch gwesen, der hot net so viel Geld ghob, hom die ondern net viel vo ihm gedocht. Wie sie zammgange sein auf der Nocht im Darf im Schenkhaus, hom gered, wos sie mochn mit den Pferd, mit die Kiah, mit die Schwein, hot er olba sei Manung gsog, hot er e guete Manung ghob, hom sie ihm olba nix geglab, olba gsog: ‚Wos verstehst'n du? Du verstehst doch nix!'

Und eines Doges hot des Blattl sich geendert: is an reicher Onkl gstorbn, hot ihm dos gonze Geld glossn. Und paar Tog san gange, wie er dos Geld hot ghob, is er oigange no dr Stodt, im Darf, hom sie angfange mit ihm verzelln. Hot er sich gwundert: jeder will mit ihm stehn bleibn un mit ihm verzelln. Hot er docht: ‚Ich will heit amol oigehn in Schenkhaus, Sachn kaufn, ob dos do ach so wird sein.' Das ham se frieher en Wirtshaus ghaßen. Un die *farmer* oder die Bauern sein zammkumme un ham dort getrunken un horalt, sich olte Tschichtla verzellt. Wie er eini kummen is, foat hom sie ihn angschrien: ‚Guden Obend, guden Obend. Bist'n gestern net akumme?' Jeder hot mit ehm gwellt trinken, jeder hot gwellt mit ihm verzellen. Do hot er sich schrecklich verwundert. Was für an Unterschied af amol! Am zweitn Obend geht er wieder oi, gleicha Ding wiedr. ‚Ei', hot er sich gedach, ‚ich glaub, dos is kolla dos Geld! Un ich werd dos Ding emol ausprowieren.' Am drittn Obend is er oigangn, wieder: ‚Kumm her zu mir, sitz her!' Der oine hot lusgschrien, der ondre hot lusgschrien. Olle hom ihn welln hobn, olle hom jetz gwollt sei Freind sein.

Sogt er zu sen: ‚I mecht eich emol e Tschichtl verzelln; dot er's lusn?' – ‚Jo, jo, verzehl! Du alter Freind, wo du bist.' – Sog er: ‚Im Herbst, wie i hob fertig ghob geockert, hob ich meine Pflugscharen abgedon, hob sie eini gedon in Rauchhaisel, daß sie net verrosten ibern Winter. Un dout', sog er, ‚hob i in Winter ach meine Schunken graicht und mein Speck un die Wurscht, un dos hot olba oigetrepfelt af der Schoren drauf; Schmalz von Rauch.' Sog er: ‚Was manst'n, was passiert is? In Friehling will ich gehn ockern, nehm mei Schorn außer, hom die Meis a Loch durchfressen ghob af der gonze Schor. Glaubt ers das?' – Jetz ham se amol angfangen: ‚Na jo, warum dat mr des net glaubn?' An ondre sog: ,Wann du sogn dust, das is so, des glaub mer.' – ,Ganz gwiß', sogt der ondere, ,glauben mr's. Dos kann passieren.' Sogt er zu sen: ,Des seid die dummesten Leit, wu gebm. Wie ich orm bin gwesen, hobt ihrs nix von mir gwellt wissn, wie ich enk die Worheit hob gsog, homt ders mr nit geglaub; hitz hob i eich die ollergreßte Lug verzellt, hitz glaubt er!' (Lachen)

Sarah: Dos hot sei Geld zuwegn brocht!

Michael: Dos passiert, wann en Arme reich wer: Hot er viel Freind.

Dies ist ein zweites typisches Stück aus dem Repertoire des Predigers. Seine Zugehörigkeit zur hutterischen Erzählüberlieferung wird bereits eingangs durch zwei Details deutlich: Zum einen hat Michael Stahl diese Erzählung aus dem Munde eines anderen Gemeinschafters auf dem Weg in die Stadt vernommen, zum anderen spielt sie in einem russischen Dorf, erinnert also an den letzten europäischen Wohnsitz der Hutterer. In diesem Zusammenhang ist auch das Wort *foat* im zweiten Absatz des Textes von Interesse. Es handelt sich offenbar um eine Übernahme des plattdeutsch-mennonitischen Wortes *foats* = sogleich, das möglicherweise auf die früheren Beziehungen der Hutterer zu den Mennonitengemeinden in der Südukraine zurückgehen könnte.

Inhaltlich gehört dieser Erzähltext zu dem Lügenschwank vom Typus AaTh 1592 (Mäuse fressen Eisen), er ist aber in der vorliegenden regionalen Sonderform bisher anderweitig nicht belegt. Unser Erzähler leitet aus der Geschichte die Lehre ab, daß man dem Armen erst Glauben schenkt, wenn er zu Reichtum gelangt ist. Sie wird am Ende in einem Satz griffig zusammengefaßt. Die Hutterer lieben Geschichten von der Art, die in ihr eigenes Lebensmilieu passen und aus denen man darüber hinaus etwas lernen kann, denn auch das Geschichtenerzählen dient schließlich nicht nur reinen Unterhaltungs- und Zerstreuungsfunktionen, sondern wird gern mit den religiösen Grundüberzeugungen der Gruppe in Zusammenhang gebracht. Geld als persönliches Eigentum spielt bei ihnen nur eine untergeordnete Rolle. Deshalb können sie sich gut mit dem armen russischen Bauern identifizieren, der nichts besitzt und dessen Meinung daher nichts gilt.

Auch die Frau des Predigers, Sarah, ist bei den abendlichen Zusammenkünften auf Riverview mitunter als Erzählerin hervorgetreten. Sie ist eine temperamentvolle Erzählerin, begleitet ihre stimmgewaltig vorgetragenen Geschichten mit weit ausholender Gestik und würzt ihre Rede gerne mit Anglizismen, während sich der Prediger beim Erzählen gerne eines guten „Tiroler Deutsch" bediente, zumal wenn er wußte, daß das Magnetophonband eingeschaltet war, wofür er bald einen Blick entwickelt hatte.

Der Mutige im Totengarten

Es is en Mensch in Rußland gwesen, der hot außer gebrocht, er hot von gor nix Ongst, *no matter what,* der konn in der mitterer Nocht irgendwo hingeh. Do hom seiner Freind zu ihm gsog: ‚Sou, du bist sou e braver Kerl, heit werst du prowiert werdn! Dou is e Goubl, geh auf un in'n Doutngortn und steck ihn eini in Grob. Un morgen in der Frieh wer mer gehn schaugn, ob du wirklich doun host.' – ‚Jo', sog er, ‚*o.k.*, i hob von nix Ongst, *I'll do it*'. Houm sie a Goubl gebrocht, is er aufergangn. Hot er obr en Rock si aglegt, 's muß kiehl san gwese, un geht aufer, und jetz hoter die Goubl wolln eini steckn in Grob, un steckt sie eini un muß' sich en Rock mit stochn habn und hot gmant, es derwischt ihn wos, un is grod vor Schreck dout bliebn.

Do kommt ihr Freind nemmer hinter. In der Frieh sein sie gangn schaugn: is er glegn ofm Grob mit'n Rock einigstochn in der Goubl. Is er grod vor Schreck dout worn. Ob dos a wahres Tschichtl is, waß i net. So is es mir verzellt wordn.

Dieser Sagentyp von der nächtlichen Mutprobe ist in zahlreichen deutschsprachigen Gebieten bis zur Gegenwart (vgl.

Brednich 1990, Nr. 97) verbreitet. Auch aus Nordamerika liegen elf Aufzeichnungen vor, so daß Sarah Stahl die Erzählung durchaus auch in Kanada kennengelernt haben kann. Es ist aber bezeichnend, daß die Hutterer „Geschichten aus alter Zeit" gerne im fernen Rußland lokalisieren.

Ein Leben im Bruderhof

Aus der bisherigen Darstellung und insbesondere aus den beigegebenen Fotografien ist klar geworden, daß sich bei meinen drei Aufenthalten auf der Riverview Colony ein besonderes Verhältnis zu meinem Gastgeber, dem Prediger Michael Stahl, und seiner Frau Sarah herausgebildet hatte (Abb. 26, vgl. Abb. 3, 5, 14, 17, 23, 25, 29). Dies ist nicht weiter verwunderlich, wenn man bedenkt, daß ich insgesamt ein ganzes Jahr in seinem Haus und mit seiner Familie zusammengelebt habe, ihn oft tagelang bei allen seinen Verrichtungen begleitete und durch ihn auf die intensivste Weise in das hutterische Gemeinschaftsleben eingeführt wurde, auf seinem eigenen Hof und bei einer Reihe von Besuchen auf Nachbarkolonien, die er zu Vergleichszwecken eigens für mich arrangiert hatte. Mit Empfehlungsschreiben und durch persönliche Fürsprache bei seinen Amtsbrüdern hat er überdies erreicht, daß ich zu kürzeren Gastaufenthalten auch auf zwei anderen Kolonien (Leask und Hillcrest) willkommen war, zu denen Riverview besonders gute nachbarliche Beziehungen unterhält.

Im Laufe meiner Aufenthalte in der Familie Stahl habe ich bei zahlreichen Gelegenheiten meine beiden Gastgeber als ausgezeichnete Erzählerpersönlichkeiten kennengelernt und einen Teil ihres Repertoires dokumentiert. Aufgrund dieser Erfahrungen lag es nahe, ein Mitglied der Gemeinde darum zu bitten, mir sein Leben zu erzählen, um damit am Beispiel einer individuellen Biographie die Daseinsform der Hutterer in der Gütergemeinschaft und der selbstgewählten Abgeschiedenheit noch besser verstehen zu können. Mehrere männliche Mitglieder, die mir durch den täglichen Umgang vertraut waren, hätten sich für ein solches autobiographisches Inter-

Abb. 26: Der Prediger der Riverview Colony, Michael Stahl, singt aus dem kleinen hutterischen Gesangbuch das Morgenlied (Nat. Museums of Canada, Ottawa 77–7102).

view geeignet, die Wahl fiel aber letztendlich auf den Prediger selbst, der aufgrund seiner Position als geistliches und weltliches Oberhaupt mit dem Schicksal von Riverview und seiner Geschichte besonders eng verschwistert ist. Eine günstige Situation ergab sich vor dem Ende meines ersten Forschungsaufenthaltes im Jahre 1977. Ich hatte Michael Stahl gebeten, sich vor meiner Abreise zwei Abende Zeit zu nehmen und mir in einer Art Abschiedsrede alles mitzuteilen, was ihm über seine eigene Lebensgeschichte und die Entwicklung der von ihm geleiteten Kolonie wichtig war. Ich wollte seine Rede auf Tonband festhalten und ihm später eine Transkription zusenden. Ein ähnliches Dokument ist meines Wissens bisher nicht vorhanden. Ich habe es mit Zustimmung des Predigers 1981 in einem Studienband zur Anwendung der biographischen Methode in der volkskundlichen Feldforschung *(The Bible and the Plough)* an relativ abgelegener Stelle in Kanada veröffentlicht, und zwar in original Hutterisch und in englischer Übersetzung.

Die hier gewählte hochdeutsche Version soll einen Teil dieser Lebensgeschichte einem größeren Publikum zugänglich machen und exemplarisch die Denkweise und Einstellung eines herausragenden Mitglieds dieser Gemeinschaft näherbringen. Die Leser dieses Textes werden vieles von dem wiedererkennen, was bisher über das Leben in einem Bruderhof in diesem Buch gesagt worden ist, und sie werden es aus der Sicht eines Mitglieds vielleicht noch besser verstehen und zuordnen können. Ich bin mir bewußt, daß die Authentizität der Erzählung, vom sprachlichen Standpunkt her betrachtet, durch den Verzicht auf das Hutterische starke Einbußen erfährt. Ich habe aber die Original-Wortstellung beibehalten, um ein wenig von der Unmittelbarkeit des Ausdrucks zu bewahren.

Michael Stahl: Ich bin geboren im Jahr 1935. Beiseker, Alberta. Und daran kann ich mich erinnern, bloß daß der Vater immer bei den Pferden war, ist immer da gewesen, hab ich geholfen. Zu der Zeit wurde alles mit den Rössern gearbeitet, mit den Rössern geackert und geschobert und gesät und gedroschen und alles. Das ist alles, was ich mir kann gedenken. Ich weiß, der alte Prediger, der wo dort ist gewesen mit mir, der ist mein Schullehrer gewesen, der weiß noch, wie ich in die Schul bin gegangen. Das nächste, wo ich mir kann gedenken: hat sich die Gemeinde voneinander geteilt, und da haben wir einen Hof gekauft sechs Meilen West und ein paar Meilen Nord, das ist bei Crossfield. Und dort sind wir zwölf Jahre gewesen, aber die ersten Jahre sind wir in eine *country school* gegangen, es ist manchmal sehr schwierig gewesen. Wir haben einen Wagen gehabt so wie früher, einen *covered wagon* mit zwei Rössern, und jeden Morgen sind zwei andere von den ältesten Buben gegangen die Roß einspannen. Haben ihn hergebracht, wenn die Kinder haben Frühstück gehabt, haben sie die *lunch box* genommen und sind gefahren, hat ungefähr eine Stunde genommen. Es ist sehr beschwerlich gewesen manchmal, die englischen Kinder haben verspottet die unsern, aber nachher ist es gegangen, bis wir unsere eigene Schule haben gebaut gehabt, sind wir daheim in die Schule gegangen.

Und das weiß ich, wie ich zu den Leit bin gekommen; wenn man 15 Jahre alt ist, das heißt: da bist du bei Leit, da arbeitest du mit den Leit. Das erste Jahr bin ich beim Vieh gewesen, hab ich gemußt alle Früh nach dem Frühstück ausmisten bei den Kühen, Stroh bringen, sorgen, daß sie genug Futter haben. Und den anderen Winter ist der Vater zu den Schafen gekommen, bin ich bei den Schafen gewesen: Geholfen im Winter, daß die Schafe Heu haben, Futter haben und alles. Und im zweiten [recte: dritten] Winter, wie ich zu den Leit bin gekommen, haben sie angefangen eine Farm zu suchen.

Sind die zwei Prediger gefahren zwei-, dreimal. Das erste Mal weiß ich, sind sie ganz unten gewesen bei East End, Sask., haben sie eine Farm angeschaut, dort wo sie jetzt eine Farm haben, die heißt die West Bench Colony. Das hat ihnen nicht gefallen, dann haben sie das angeschaut bei Estuary, das hat ihnen auch nicht gefallen. Sind sie endlich hergekommen nach Saskatoon bei Riverview. [...] Und zu der Zeit ist das Land sehr billig gewesen, ich glaube nicht, daß wir mehr haben bezahlt wie 35 bis 40 Dollar für einen Acker.

RWB: Wann ist das gewesen?

MS: Das ist 1956 gewesen. Und das hat sich getroffen, daß der Darius Vetter (das ist der alte Prediger) und sein Bruder und Michel Vetter (das ist sein Haushalter) und mein Vater und der Peter Vetter und der Paule Vetter (der wo jetzt unser Haushalter ist), denen haben sie gesagt, sie sollen hinauf *moven,* die sind freiwillig hinauf gegangen. Sie haben nicht gelost, wie die Gemeinden jetzt tun. Die Ordnung ist Losen. Und sie sind hergekommen 1956. Ist ein schwerer Winter gewesen, viel Schnee; die Wege sind nicht gut gewesen. Es hat einen Tag genommen, von Crossfield bis hierher zu kommen. Wir sind hergekommen, wenn ich mir denken kann, am 7. Februar. Und da ist alles aus der Ordnung gewesen. Die Leute, die hier gearbeitet hatten, die haben schon gewußt, daß sie ihre Arbeit verlieren werden und wir kommen würden, die haben nichts mehr drum gegeben. Die Kühe haben ausgesehen – schrecklich! Mist ist überall gewesen, der gemistet werden mußte. [...] Aber das ist ein sehr schwerer Winter gewesen, die Wege sind zu gewesen. Einmal haben wir eine ganze Woche über gemußt die Milch ablassen in das Abwasser, *because* man hat sie nicht können abführen. Zu der Zeit hat man die Milch selber gemußt mit den Rahmkannen (das sind achtgallonige Kannen), hast gemüßt selber sie einführen zu der *dairy*. Der Weg ist zu gewesen, du hast nicht gekonnt wegführen die Milch. [...] Das erste Jahr ist sehr hart gewesen, ist trocken gewesen, und das Land ist nicht so gut gearbeitet gewesen, wie es sollt gearbeitet sein. Ich weiß, die Ernte ist so arm gewesen: ich und der Paul Vetter (der jetzt noch Haushalter ist) haben die *combines* getrieben, da haben wir in der Früh den *truck* herausgenommen, bis Mittag hat es gedauert, bis wir ihn voll gedroschen gehabt haben. Auf Mittag haben wir den *truck* heim; während wir Mittag gegessen haben, haben die Alten ihn abgeladen. Nachmittag haben wir ihn wieder hinaus, bis zur Nacht hat es genommen. Auf diesem Weg haben wir doch genug Futter gekriegt, daß wir über den Winter haben gekonnt die Kühe durchkriegen und die paar Schwein und die paar Hühner, wo wir haben gehabt.

Das andere Jahr haben wir ein bißchen besser probiert, haben wir *fertilizer geused*, es ist auch ein trockenes Jahr gewesen. Das ist gegangen so trocken bis 1959, ich weiß, in dem Jahr hab ich geheiratet, es ist auch ein trockenes Jahr gewesen. Haben gemüßt nach Alberta fahren, nicht weit von Edmonton, dort haben wir Heu gemacht. Aber die kanadische Regierung hat ein Teil bezahlt; nicht ein Teil, die ganze Fracht hat sie bezahlt, für das Heu einzufahren. Dort haben wir unser ganzes Heu gemacht, am Minburn, die Gemeinde heißt Mixburn Colony. Dort haben wir vielleicht 20000 *bales* gemacht, so daß wir die Kühe über den Winter haben können durchkriegen.

In 1959 habe ich geheiratet. Ich habe meine Sarah schon gekannt, wie wir noch in Alberta haben gewohnt. Die haben gewohnt bei der Gemeinde, wo meine Mutter ist hergekommen, und meine Mutter, die ist oft gefahren, ihre Schwestern zu besuchen, und ich bin mitgefahren, wie ich bin klein gewesen. Und dann, wie ich bin älter geworden – das ist ja erlaubt in der

Gemeinde, daß du mitunter spazieren kannst fahren, so wie im Herbst, wenn die Arbeit vorbei ist – dort hab ich sie gesehen. Es ist nie – wie man tät sagen – *serious* geworden, grad nur für einen *walk* gegangen oder sowas. Wie wir nach Saskatoon *gemoved* sind, sind sie das andere Jahr nach Leask *gemoved*. Dort sind wir hinaufgefahren spazieren, und dann ist es auf einmal schnell passiert, man sagt *love of first sight*. Dann haben wir ein paarmal *gedated*, so wie man auf Englisch sagt, und dann hab ich auf einmal Nerven gekriegt und sie gefragt, ob sie mit mir will *steady* gehen. Hat sie gesagt ‚ja', und wir sind vielleicht ein Jahr zusammen gegangen, mitunter einer den anderen gesehen, und dann haben wir uns ein *wedding date* gesetzt, und ich glaub im Juni 1959, am 7. Juni, haben wir geheiratet.

Wie die Zeit ist gekommen, was wir uns als Datum gesetzt hatten, dann bin ich zum alten Prediger gegangen, das ist in der Gemeinde die Ordnung (das hat mein Bruder auch müssen tun jetzt, wie er geheiratet hat, er muß zu mir kommen), und dann sagt man: ‚Lieber Bruder, ich hab ein herzliches Verlangen, in christlichen Ehestand zu treten; ich bitte, du wollest mir behilflich sein mit der Hilf, mit dem Beistand Gottes.' Dann tust du ihn ein bißchen vermahnen. So hat der alte Prediger mich ein bißchen vermahnt und gesagt, daß das nicht ein leichtes Ding ist, zu heiraten.

Und beim Gebet hat er die Brüder sitzen gelassen, hat gesagt, da ist ein Bruder gekommen und begehrt und bittet, er will in den Ehestand treten, ich soll ihm behilflich sein. Wenn einer etwas dagegen hat, soll er's sagen. Aber es hat niemand etwas dagegen gehabt. Bin ich mit dem Vater gefahren, an einem Montag oder Dienstag ist es gewesen, hinaus nach Leask. Und wenn man hinaufkommt: Der alte Prediger gibt dir ein Briefchen mit, das gibt man dem Vater. In meinem Briefchen – das weiß ich – hat er hineingeschrieben (mein Schwager hat Franz geheißen): ‚Mein lieber Franz Vetter, da ist ein Bruder gekommen und begehrt in christlichen Ehestand zu treten und will eure Schwester haben. Bitte wirst du behilflich sein.' Das Briefchen gibt er dem Prediger, der ruft die Brüder dann zusammen und sagt zu ihnen: ‚Da ist ein Bruder gekommen, und der will von uns eine Schwester haben. Sag ein jeder seine Meinung, ob wir sie geben wollen oder nicht.' Hat keiner nichts dagegen gehabt.

Nach dem Stiebel, wenn alle gefragt sind, das heißt man: da geht man aufreden. Erst tut es der Vater, der spricht mit ihren Eltern, das heißt der Sarah ihr Vater und Mutter. Er sagt: ‚Ich bin gekommen und begehr von euch die Tochter, und ich hoff, daß ihr werdet behilflich sein und nicht absagen.' Und wie sie ihre Meinung haben gesagt, dann haben sie mich hineingerufen. Bin ich hineingegangen und hab mich hingestellt und hab gesagt: ‚Franz Vetter und Anna Basel, ich hab eine Bitte an euch, ich will eure Tochter haben, die Sarah, zum Eheteil. Ich hoff, ihr werdet mir behilflich sein und sie mir geben.'

Dann hat der Vater zuerst – der Sarah ihrer – gesagt: ‚Das ist kein leichtes Ding, ein Kind aus dem Haus hinausgeben. Es haben schon viel getan, gekommen und Kinder begehrt.' Du wirst gefragt, ob ich auch verheißen werde, für sie zu sorgen, sie nie beleidigen. Wenn ich das verheißen würde, dann gibt er sie mir. Hab ich gesagt: ‚Ich werde mein Bestes probieren.' Dann hat die Mutter ihres gesagt, hat auch gesagt (es ist ihr sehr schwer geworden, weil es die erste ist gewesen), für sie zu sorgen, sie nie beleidigen. Und wenn das fertig ist, dann wird man zusammengestellt, wenn aufgeredet ist, das heißt zusammengestellt, noch nicht zusammengegeben. Dann wird man Fragen gefragt, jeder wird drei Fragen gefragt, ob einer den anderen will annehmen und mit ihm zu Hause leben in Liebe und Güte, in Krankheit, in Gesundheit. Und jeder muß die Fragen beantworten, der Bruder und auch die Schwester. Und wenn das getan ist, dann gibt's *Hulba,* und der Hulba hast du beigewohnt, und das andere weißt du jetzt alles.

In dem Jahr, wo ich geheiratet hab, ist die Ernte genau so schlimm gewesen, trocken gewesen, aber man kann vielleicht sagen: ein bißchen mehr. In 1959, im Herbst, sind sie gekommen Prediger stimmen. Der alte Prediger, der Darius Vetter, der hat verlangt bei den alten Predigern, daß er einen Gehilfen will haben, und wenn sie Prediger stimmen werden, sollen sie da auch herkommen. Und im Herbst sind sie gekommen und haben *gephoned* den Tag voraus. Zuerst haben sie bei der Leask Colony dort oben Prediger gestimmt. Dann sind sie daher gekommen. Zu überlegen, wer aufgestellt werden sollt werden zum Prediger, das tun die Zultbrüder, das heißt auf Englisch die *trustees*. Weil ich kein *trustee* bin gewesen, grad nur ein Bruder, der wo verheiratet ist, ist das mein letzter Gedanke gewesen. Ich habe nicht einmal gewußt, daß sie mich aufstellen werden, daß sie das im Gedanken haben. Und das passiert bei der Lehr, man geht zu der Lehr, es ist eine extra Lehr, wo gehalten wird. Und die Rede sagt, wie der Prediger sich soll halten und was er zu tun hat und wie er sich soll aufführen. Die Lehr ist in Titus sechs.

Nach der Lehr werden die Brüder alle hinausgeschickt, nur die Zultbrüder, das sind die *trustees*, die vorne sitzen, die bleiben sitzen mit den andern Predigern alle. Und dann sagt der Prediger, der vom Hof ist, wen man erwählt hat, wen man will haben. Und das wird auf der Tafel hingeschrieben. Nun tun die Prediger drinnen sich unterreden, sie wollen etwas wissen von dem Bruder oder von dem. Und wenn alles richtig ist, dann rufen sie die anderen Brüder wieder herein. Und wie ich hineingekommen bin und hab meinen Namen gesehen auf der Tafel: mein Herz ist bald stehengeblieben; das habe ich in meinem Leben nie gedacht, daß mir das passieren wird. Ich bin erst 24 Jahr alt gewesen. Wenn dann die Brüder alle drin sind, dann sagt der Älteste – das ist der Älteste von allen Gemeinden – die zwei Brüder sind erwählt worden, und einen von ihnen wird der Himmelvater erwählen, wen er will haben, daß er der Gemeinde soll dienen, das Wort und Evangelium verkündigen.

RWB: Wer war der andre? Es waren zwei Namen an der Tafel.

MS: Der andere ist der Paul Vetter gewesen. Eins hab ich vergessen: zwei Monate vor dem hat der Peter Vetter die Schwein abgegeben, haben sie Schweinemensch gestimmt. Haben sie mich zu den Schweinen gestimmt. Ich bin zwei Monate bei den Schweinen gewesen, gerade interessant geworden in der Arbeit, hab gerade lernen können, wie man was treibt und tut, grad interessiert geworden, das ist der letzte Gedanke gewesen, daß ich das verlieren sollte!

Nun tun die Brüder alle stimmen – es arbeitet bei den hutterischen Brüdern so – wenn einer vier Stimmen hat, dann kommt er ins Los hinein. Wenn einer unter vier Stimmen hat, dann ist *automatically* Prediger, der wo die andern Stimmen alle hat. Somit haben sie alle gestimmt, haben sie das Los abgelegt, sind wir alle hineingekommen ins Los, ich und der Paul Vetter. Und dann sagt der Älteste: ‚Die Brüder, die auf der Tafel sind, die sind alle hineingekommen ins Los, und jetzt müssen wir zwei Zettel machen und schauen, wen der Himmelvater erwählen wird.' Nun mußten wir niederknien, so wie es im Testament sagen tut, so wie in der Apostelzeit, wie sie den Matthäus haben gestimmt, wie der Judas weggefallen ist, sind elf gewesen, haben sie den Matthäus gestimmt zu den zwölf Aposteln [Matth. 10, 1–5].

Dann knieten wir alle nieder, nun tut er ein Gebet, betet zum Himmelvater, der Himmelvater soll jetzt einen erwählen, wen er haben will und wen er denken tut, wer als bester passen tät, sein Wort und Evangelium zu verkündigen und der Gemeinde sollte behilflich sein. Nach dem Gebet sitzen die Brüder alle auf, dann macht er zwei Zettel. Auf einen schreibt er drauf ‚Prediger', auf den anderen nichts, das andere ist ein leeres Zettelchen. Dann, wenn er die Zettelchen gemacht hat, tut er sie in den Hut und schüttelt sie, und dann sagt er: ‚Der, wo der Älteste ist, der soll kommen zuerst herausziehen.' Und weil der Paul Vetter ist auch älter wie ich, der ist auch Weinzedel, der ist zuerst gegangen und hat es herausgezogen, hat es hingelegt; dann bin ich nach vorne gegangen, hab mein's herausgezogen, hab gesehen, ist darauf geschrieben ‚Prediger'. Oh, das ist eine schwere Minute gewesen, ist mir unglaublich gewesen, ich hab es nicht können überwinden. Ich weiß nimmer, wie ich heim gekommen bin von der Kirche bis heim ins Haus.

Nach der Lehr gehen sie Mittagessen, dann sind die Prediger alle gekommen, wie es so Gewohnheit ist. Die trösten dich und sagen dir: ‚Einen hat es müssen treffen. Wir sind niedergekniet und haben gebeten den Himmelvater, er soll einen erwählen. Du bist nicht der erste und wirst nicht der letzte sein, mußt dich grad nur auf Gott verlassen, der hat noch keinen verlassen.‘ Und so sind sie alle los. Der Darius Vetter – das ist der alte Prediger –, der ist auch mitgefahren mit ihnen, sie sind immer gefahren eine ganze Woche und haben Prediger gestimmt, ich glaub, die haben damals 14 Prediger gestimmt, 1960.

Und wie er heimgekommen ist, ist er hereingekommen zu mir, hat er mir gesagt, er wird mir drei Wochen Zeit geben, bis ich brauch anfangen predigen, das Gebet zu lernen und die Sprüchlein zu lernen, die man sagt, ein bißchen richten und bereiten. Aber ich habe immer Angst gehabt, immer Furcht gehabt. Und wie die drei Wochen sind herum gewesen, ist er einmal gekommen und hat gesagt: ‚Du wirst heute anfangen in Gottes Namen ansagen.‘ Ja, ist beim Gebet gewesen. Es ist ein extra Lied, wo man ansagen tut, es heißt: ‚Ich schrei zu dir, Herr Jesu Christ‘. Es gibt noch mehr Lieder, vielleicht haben die anderen Gemeinden auch noch mehr Lieder, noch andere Lieder. So habe ich angesagt, einmal, zweimal, auch dreimal, das dritte Mal sagt er: ‚Du wirst heut Gebet halten.‘ Das ist an einem Sonntag gewesen nachmittags, das weiß ich noch gerade so, als wenn's heute passiert wär. Ich bin den Nachmittag über umhergegangen hin und her im Haus, bin *nervous* gewesen, nicht gekonnt *relaxen*.

RWB: Hast du die Schriften schon gehabt, die man dazu braucht?

MS: Nein, nichts gehabt. Er hat mir Vorreden gegeben und ein, zwei Lehren zum Lernen ein bißchen. Das ist mir das wenigste gewesen, lesen hab ich gekonnt. Aber die Angst und die Furcht, daß es nicht mehr geht! [Bei den Hutterern kursieren viele Schwänke von Predigern, die mitten im Text nicht mehr weiterwissen und sich vor der versammelten Gemeinde blamieren.] Gott sei Dank, ich hab mich selbst verwundern gemußt: Sind zum Gebet gegangen, es ist ja nicht aufs Allerbeste gegangen; Gott sei Dank, ist vorbeigegangen. Und von damals an hab ich gemüßt meine Reihe haben, so wie es gewöhnlich ist: einen Tag ansagen, nächsten Tag Gebet halten. Und die Zeit ist gekommen, und der nächste Sonntag ist gekommen zur Lehre halten. In Gottes Namen auch die Lehr gehalten, wiewohl sie nicht so lang ist gewesen wie gewöhniglich.

Und über einen Monat hat der Darius Vetter die Gemeinde sitzen gelassen und hat gesagt: ‚Es geziemt sich nicht, daß der Prediger soll bei den Schweinen sein; wir werden jemand anders zu den Schweinen tun.' Dann sagt er, mein Bruder, der Peter Vetter, der ist noch nicht so alt, wir haben auch noch nicht so viele Schweine, keinen großen Stall, er kann uns die Schweine übernehmen, bis einmal noch mehr von den jungen Leuten werden heiraten. Und er sagt, ich glaub, der Michel sollte die Schule nehmen. (Bis zu der Zeit hat er selbst die deutsche Schule gehabt.) Er sagte: ‚Es geht mir nicht mehr so gut ... Ich bin der Kopf, das heißt der *President,* jetzt hab ich mehr an mir, eins muß zurücktreten, und ich glaub', sagt er, ‚der Michel tät sich üben, wenn er die Schule tät auf sich nehmen. Aber es ist an ihm gelegen, er soll sagen, was er meint.' Und weil niemand anders gewesen ist (ich bin der einzige, der verheiratet ist gewesen), hab ich mir gedacht, ich werd's probieren, hab ich ihnen gesagt, den Brüdern, ich kann nicht mehr tun als probieren. Und ich hab's probiert, in Gottes Namen angefangen. Ich glaub, es hat mir geholfen, es hat mir geholfen in der Schrift, es hat mir geholfen beim Lesen, es hat mir geholfen beim Schreiben, und ich hab's getan 17 Jahr. Am Anfang sind sechs Kinder gewesen, jetzt auf der Letz hab ich 35 Kinder gehabt. Um Ordnung zu halten, mußt du ernstlich manchmal sein, mußt manchmal die Ruten gebrauchen, manchmal im guten, manchmal mußt du mit ihnen ein bißchen strenger sein.

Ich hab selbst acht Kinder. Zuerst ist die Helen gekommen, die ist jetzt sechzehn, sie ist die älteste. Dann ist der Franz gekommen, dann die Dora und dann der Chris, dann die Martha, dann die Judy, dann die Bertha, dann die Hilda. Sind die achte. Sind erst genug!

Und so ist es gegangen bis 1970, haben wir angefangen Land suchen, sind einmal herumgefahren, haben nichts gefunden. Ich glaub, wir haben zwei oder drei Jahr gesucht, bis im 1973 haben wir eine Farm gefunden bei Quill Lake. Dort haben wir beinahe drei Jahre gebaut, haben wir die Küche gebaut, zwei Häuser gebaut, einen Hühnerstall gebaut, eine Garage, *machine-sheds* und die *bins, storage bins* für den Weizen und die Gerste und alles, was du brauchst. Und wir sind uns einig geworden, wie wir die Farm gekauft haben, wenn wir ausgebaut werden haben, werden wir losen, werden wir nicht mehr freiwillig gehen, so wie sie vom Hof heraufgekommen sind. Und dann haben wir die Küche und die Häuser und alles gebaut gehabt, sind wir uns einig geworden: wir würden besser tun, wenn wir uns würden voneinander losen und täten voneinander gehen. Wir müssen zuviel hin- und herfahren. Die Leute, die unten werden sein, werden wissen, daß sie unten sind, daß sie müssen ernst und fleißig sein und dort daheim sein.

So haben wir's gehalten, ich glaube, es könnte um Ostern gewesen sein, haben wir uns voneinander gelost; nach der Abendmahl-Lehr, das ist gewöhniglich nach der Kreuzigungs-Lehr am zweiten Tag, haben wir voneinander gelost. Und das geht auch so: Erst werden die Leute verteilt. Die zwei Prediger werden auf die Wand geschrieben, und dann steht ein jeder Bruder auf und schreibt sich hin, zu was für einem Prediger er hin will, was für eine Seite er will sein. Und ich weiß nicht, wie's gekommen ist, es haben sich 17 Seelen mehr zu mir geschrieben. Zum Teil ist es gekommen, weil der Peter Vetter mehr Seelen hat gehabt, mehr Buben hat gehabt, er hat sie nicht gewollt voneinander reißen. Und als wir die Leute geteilt haben gehabt, hat der älteste Prediger, der Darius Vetter, zwei Zettel gemacht; auf einen hat er draufgeschrieben ‚neuer Hof', auf einen hat er draufgeschrieben ‚alter Hof'. Hat sie in einen Hut hinein getan, hat sie geschüttelt, und weil er der älteste ist, hat er herausgezogen und hat sein's vorgelesen den Brüdern alle: ‚Neuer Hof'. Und ich hab mein's aufgemacht und hab es ihnen auch vorgelesen: ‚Alter Hof'.

Abb. 27: Getreideernte auf der Riverview Colony. Darius Tschetter benötigt eine kleine Pause vom Mähen. Das Getreide wird in Saskatchewan nicht auf dem Halm reif. Es wird geschnitten und liegt einige Zeit in geometrischen Mustern zum Trocknen auf dem Feld, bevor es mit dem *Combine* gedroschen wird.

Nun sind wir uns dort über noch mehr Dinge einig geworden, wie wir wären: über die Gänse und über die Enten. Und die *machinery*, wo unten gekauft ist worden, soll unten bleiben, die wo hier ist, die soll da bleiben. Sind wir uns alle einig geworden, daß wir einer dem andern zusammen helfen, solange wir können. Und dann ist es den ganzen Sommer gegangen. Vor zwei Wochen sind sie gekommen, haben sie ihre Enten weg und ihre Gänse. Und wegen der Ernte haben wir gemeint: wenn sie zuerst werden fertig haben, sollten sie kommen und uns helfen, wenn wir zuerst fertig haben, werden wir helfen. Aber Gott sei Dank sind wir alle gleich fertig geworden. Ich bin ja nicht daheim gewesen, als wir fertig wurden, ich bin gefahren aufreden mit dem Jack, und der Rolf Vetter ist da gewesen, wie man die letzte Fuhr Getreide herein hat; der hat sein Teil auch dazu getan, hat uns viel geholfen (Abb. 27). Er hat die Hühner nachgeschaut, er hat den *truck* getrieben, er hat den *swather* getrieben, und – man nennt es auf Englisch *coincidence* – hat er die letzte Fuhr Getreide heimgebracht. Und so steht es heute. Am 30. Oktober sind wir uns einig geworden, wir werden heute noch eine Abschiedsrede haben, und wir werden alles erzählen, was ich wissen tu. Ich hoff, daß er vielleicht einen Nutzen kann herauskriegen aus dem. Es wird ihm ein *memory* sein. Aber ein Ding hab ich ihm gesagt, nicht nur einmal, zweimal hab ich's ihm gesagt: Wenn noch einmal so ein Professor kommen tut, anfragen tut bei uns zu bleiben; nicht länger wie vier Tage! Du wirst – wie man auf Englisch sagt – *too attached* zu einem Menschen; wenn er wegfährt so wie du morgen, bist du *depressed* zwei oder drei Tage. Aber ich hoffe, ich hab ihm können helfen, wenn er heimkommt, daß er wird sein Büchlein können schreiben und daß er wird einen Nutzen können daraus kriegen. Und ich glaub, wenn er wird heimkommen, wird sein Weib und seine Kinder auch sehr froh sein, wenn er wieder daheim ist. Und das ist alles, was ich hab zu sagen.

Die Wiedergabe des Dokuments erfolgt gegenüber dem Original um die erste Hälfte gekürzt, in der Prediger Stahl erzählte, wie seine Familie nach der Ankunft in Amerika durch ein Traumgesicht seines Urgroßvaters in die hutterische Gütergemeinschaft zurückfand. Das Leben des Erzählers erscheint dadurch eingebettet und aufgehoben in der Gemeinschaft. Erst nach dieser langen Vorgeschichte kam er am zweiten Erzählabend auf seine eigene Lebensgeschichte zu sprechen, aber auch wird dominiert von seiner Zugehörigkeit zu seiner Gemeinde und ihrer Entwicklung in den vier Teilungen zwischen 1918 und 1977, bestimmt von den Regeln und Ordnungen des Gemeinschaftslebens, innerhalb dessen dem Individuum wenig eigene Entscheidungsfreiheit bleibt: Das Mitglied wird zu einer Arbeit bestimmt, zu einem Amt verordnet, in eine Position gewählt, dem alten oder neuen Hof zugewiesen. Nur bei der Wahl des Ehegatten ist ein Freiraum erkennbar. Dem Persönlichkeitsideal der Hutterer entsprechend hat sich das Individuum nicht um ein Amt zu bewerben, es soll nicht nach einer bestimmten Position streben: Die Tugenden, nach denen es leben soll, sind Gehorsam, Unterordnung und – als höchste Tugend – Gelassenheit, d. h. das friedliche Sich-Abfinden mit Gottes weisem Ratschluß über das Geschick eines Menschen: Wenn er zum Prediger bestimmt ist, dann wird bei der Predigerwahl der richtige Zettel aus dem Hut gezogen werden, und der Erwählte hat sich in dieses Amt zu schicken und muß versuchen, es mit Gottes Hilfe auszufüllen. Dies und darüber hinaus noch viel mehr an Einsichten liefert die Lebensgeschichte, die mir Michael Stahl bei meinem ersten Abschied aus der Riverview Colony als Geschenk mit auf den Weg gegeben hat.

Abgrenzungen: Amische und Arnoldleut

Aus europäischer Sicht werden die Hutterer von Außenstehenden oft mit den Amischen *(Amish People)* verwechselt. Dies ist leicht verständlich, denn es gibt eine Reihe von Gemeinsamkeiten. Die Amischen stammen wie die Hutterer aus der Täuferbewegung des Reformationszeitalters, kommen also ebenfalls aus Mitteleuropa, sprechen eine deutsche Mundart und leben in Gruppen, in denen das religiöse Leben und die Erziehung der Kinder im Geist ihrer Väter eine hervorragende Rolle spielt. Sie teilen mit den Hutterern die Tendenz zur Absonderung von der Welt, die Ablehnung des Wehrdienstes, die Nichtannahme öffentlicher Ämter und das Laienpriestertum, und wie ihre Glaubensbrüder führen sie ihren Namen auf eine Führergestalt, Jacob Ammann, zurück. Durch ihre altertümliche Kleidung und die Absonderung von der Welt werden sie häufig mit den Hutterern gleichgesetzt. Es gibt jedoch eine Reihe von differenzierenden Merkmalen. Die Auswanderung der Amischen in die Vereinigten Staaten erfolgte wesentlich früher als die der Hutterer und war Teil der größeren pfälzischen Auswanderungsbewegung nach Pennsylvania in den beiden Perioden zwischen 1727–1770 und 1815–1860. Von dort aus haben sich die Amischen seither in weitere amerikanische Bundesstaaten ausgebreitet: vor allem nach Ohio und Indiana sowie in die kanadische Provinz Ontario; sie leben demnach sehr viel südlicher bzw. östlicher als ihre hutterischen Glaubensverwandten. 1979 siedelten in den USA ca. 86000 Amische (Hostetler 1980, S. 99).

Als Hauptunterschied zu den Hutterern sind außerdem zwei weitere Kennzeichen festzuhalten: Die Hutterer leben in Gütergemeinschaft und haben bei ihrer vergleichsweise späten Ankunft in Nordamerika aus Gründen des Überlebens die Errungenschaften der modernen Agrartechnik übernommen. Die Amischen dagegen leben „im Eigentum", d.h. auf einzelnen privaten Farmen, die zu Gemeinden zusammengeschlossen sind. Sie gestalten ihr Leben als Farmer vorwiegend noch so, wie sie es im 18. oder 19. Jahrhundert als Siedler begonnen haben, was bedeutet, daß sie die Segnungen der modernen Technik ablehnen und sich auch sonst der Akkulturation an den *American way of life* weitgehend zu entziehen versuchen. Das von ihnen bevorzugte einfache Leben beinhaltet u. a., daß sie ihr Land noch mit Pferdekraft bestellen und auf Motoren und Elektrizität verzichten. Landknappheit, moderne Kommunikationsmittel und das bestehende starke touristische Interesse an ihrer alternativen Lebensform stellen heute starke Bedrohungen ihres Systems dar. Der Actionfilm von 1994 „Der einzige Zeuge" *(Witness)* mit Harrison Ford hat das Leben der Amischen einem weiten Publikum bekannt gemacht, jedoch handelt es sich dabei um keine authentischen Aufnahmen, sondern um eine Rekonstruktion. Die Amischen würden eine Beteiligung an einem Hollywoodfilm weit von sich weisen. (Über die bei dem Film entstandenen Konflikte vgl. Brednich 1996.)

Im Jahre 1989 ereignete sich im rheinland-pfälzischen Westerwald etwas Außergewöhnliches: Die Hutterer hielten Einzug. Sechs Familien mit insgesamt 50 Mitgliedern hatten den Michaelshof bei Birnbach erworben und gründeten einen hutterischen Bruderhof, auf dem sie in Gemeinschaft zusammen leben, wohnen, arbeiten, singen und beten wollten. Waren hier etwa die in der selbstgewählten Isolation lebenden amerikanischen *Hutterites* nach Deutschland zurückgekehrt? Sollte es nach Jahrhunderten der Abwesenheit wieder eine hutterische Kolonie auf deutschem Boden geben? Nein, es handelte sich nicht um die nordamerikanischen Alt-Hutterer, sondern um eine Gruppe von sogenannten Neu-Hutterern, die hier einen Siedlungsversuch unternahmen, der schon nach wenigen Jahren an dem Widerstand der Westerwälder Bevölkerung scheiterte. Was sind die Neu-Hutterer, auch Arnoldleute genannt? Ihr Gründer Eberhard Arnold (1883–1935) war evangelischer Reformtheologe und suchte – wie viele andere seiner Zeitgenossen – zusammen mit seiner Frau Emmy und einer Gruppe Gleichgesinnter nach dem Ersten Weltkrieg in der christlichen Jugendbewegung neue Wege zu einem religiösen und naturnahen Gemeinschaftsleben (vgl. Arnold 1983). Im hessischen Sannerz bei Schlüchtern wurde 1920 die Urzelle einer neuen Landkommune ins Leben gerufen, die 1926 so weit angewachsen war, daß sie ein Hofgelände im Kreis Fulda erwerben und dort den Rhönbruderhof eröffnen konnte. Die Mitglieder lebten im Geist der christlichen Urgemeinde und ernährten sich von den Einkünften aus Landarbeit, Gartenbau und handwerklicher Betätigung und betrieben außerdem einen Buch-Verlag. Durch Literaturstudium wurde der Gründer auf die Geschichte der hutterischen Bewegung und das Weiterbestehen ihrer Siedlungen in Nordamerika aufmerksam. Da er sofort eine starke geistige Verwandtschaft mit ihnen empfand, unternahm er 1930/31 eine Reise, auf der er alle nordamerikanischen Bruderhöfe besuchte. Er hinterließ als Persönlichkeit einen nachhaltigen Eindruck, erhielt die finanzielle Unterstützung der dortigen Höfe für seine Aufbauarbeit und wurde zum hutterischen Prediger ordiniert. 1937 wurden zwei hutterische Prediger aus Manitoba zum Gegenbesuch nach Deutschland beordert. Sie weilten just zu dem Zeitpunkt im Rhönbruderhof, als die Nationalsozialisten dem Gemeinschaftsleben der Arnoldleute ein gewaltsames Ende bereiteten. Der „Reiße-Bericht" der beiden Hutterer ist in handschriftlicher Form erhalten und bildet ein wichtiges Zeitdokument. Die deutschen Bruderhöfler, eine bunt gemischte Gesellschaft von „Aussteigern" und Suchenden, flohen zunächst nach Liechtenstein, von dort nach England und bei Kriegsausbruch nach Paraguay. Dort hat diese Gemeinschaft erfolgreich weiterbestanden, Tochtersiedlungen gegründet und ist 1954 auf die neuerrichtete Woodcrest Colony nach Rifton bei New York zurückgekehrt, wo eine bekannte Spielzeugmanufaktur *(Community Playthings)* initiiert und zur Lebensgrundlage wurde (vgl. Eggers 1985). Von dort aus sind inzwischen weitere Höfe im Osten der Vereinigten Staaten und in England ins Leben gerufen worden. Das gemeinsame Publikationsorgan der mittlerweile auch in Japan und Nigeria vertretenen Bewegung der Hutterian Brethren ist die Zeitschrift *„The Plough“* (vgl. http://www.bruderhof.org.). Das Verhältnis der Neu-Hutterer zu den Alt-Hutterern ist durch mehrere Konflikte und krisenhafte Entwicklungen geprägt. Den Predigern der konservativen Althutterergemeinden waren viele der Modernisierungen bei den Arnoldleuten ein Dorn im Auge: Dort wurden beispielsweise in den Gottesdiensten Musikinstrumente benutzt, die Geschlechtertrennung bei den Mahlzeiten war aufgehoben, die Frauen nahmen nicht nur an den Sitzungen, sondern auch an den Entscheidungen teil, die deutsche Sprache trat immer mehr zurück usw. Umgekehrt kritisierten die Vertreter der Arnoldleute bei den althutterischen Gemeinden den völligen Verzicht auf Missionstätigkeit und Öffentlichkeitsarbeit. Der Einfluß des neuhutterischen Gemeinschaftslebens auf die Jugend in den althutterischen Höfen war während meiner Forschungsaufenthalte unübersehbar. Vor allem durch das in der Rifton Colony entstandene oder dort adaptierte religiöse Liedgut kam ein gewaltiger innovatorischer Schub auf die Höfe im westlichen Kanada. Der Einfluß der sich immer stärker liberalisierenden Lebensweise der Neuhutterer wurde zuletzt so stark und vor allem von den konservativen Dariusleuten als so bedrohlich empfunden, daß seit 1988 die ohnehin gespannten Beziehungen abgebrochen wurden. Ob man mit dieser Maßnahme das immer stärker werdende Reformverlangen der jüngeren Generation zurückdämmen kann, bleibt abzuwarten. Ebenso ist es nur eine Frage der Zeit, wie lange die Frauen der Arnoldleute noch die weißgepunkteten Kopftücher als Zeichen der Zugehörigkeit zur hutterischen Bewegung tragen werden.

Rückkehr, Veränderungen und Probleme

Nach dem ersten langen Aufenthalt im Sommer und Herbst 1977 habe ich, mit unglaublich vielen Geschenken beladen, einen schmerzlichen Abschied von Riverview genommen. Das Erleben der hutterischen Gemeinschaft, das Eintauchen in eine frühere Stufe der europäischen Zivilisation haben mich und meine Entwicklung als Volkskundler stark geprägt. Durch zahlreiche Lehrveranstaltungen, Vorträge und wissenschaftliche Publikationen habe ich es seitdem unternommen, meine Erkenntnisse aus dem Forschungsaufenthalt an die Fachöffentlichkeit weiterzugeben. 1979 ging ich für weitere drei Monate nach Riverview, um im Auftrag des Deutschen Volksliedarchivs (DVA) in Freiburg die religiöse Liedkultur und den Melodienbesitz der Hutterer zu dokumentieren. Der wissenschaftliche Ertrag dieser Projektphase wird im Tonarchiv des DVA aufbewahrt und ist in einigen meiner Studien ausgewertet (s. Literaturverzeichnis). 1982 kehrte ich nochmals für ein Vierteljahr nach Riverview zurück. In den Sommer- und Herbstmonaten entstand eine Fotodokumentation vom gesamten Alltagsleben auf der Kolonie, aus der das Bildmaterial zur vorliegenden Publikation geschöpft ist. Aufgrund der starken Bedenken der Dariusleut gegen das Fotografieren und Fotografiertwerden hatte ich die Bilddokumentation bei den ersten Aufenthalten nur mit größter Zurückhaltung betrieben. Im Laufe der Jahre war es möglich, die Hutterer davon zu überzeugen, daß zur wissenschaftlichen Erforschung ihrer Kultur auch die Fotografie einen wesentlichen Beitrag leisten könnte, zumal auch andere Autoren, selbst solche aus hutterischen Kreisen (z. B. Gross 1965) ihre Bücher mit Fotografien ausgestattet hatten (Abb. 28).

Abb. 28: Riverview Colony. Der Autor bei der Kartoffelernte am Ufer des South Saskatchewan River.

Die Wiederkehr nach längerer Abwesenheit schärfte auch den Blick des Forschers für Veränderungen, die sich im Leben auf den hutterischen Kolonien abgespielt haben. Man muß sich ohnehin davor hüten, angesichts der antiquiert wirkenden Sprache, den starren religiösen Ritualen und den strengen Ordnungen des Zusammenlebens den Blick für die Veränderungen zu verlieren. Bei den ersten Begegnungen überwiegt das Gefühl, eine Reise in die Vergangenheit angetreten zu haben. So ist es etwa auch dem deutschen Journalisten Michael Holzach gegangen, der 1978 ein Jahr auf einem Hof der Dariusleut in Alberta verbrachte und in seinem Buch „Das vergessene Volk" schrieb: „Erst jetzt [= nach seiner Aufnahme in die Gemeinschaft] wurde mir bewußt, daß mich diese 11 000 Kilometer weite Reise von Deutschland hierher nicht nur in ein anderes Land, sondern auch in eine andere Zeit gebracht hatte. Hier in der Brudergemeinde Wilson war die Uhr seit Jahrhunderten stehengeblieben, von einer ‚göttlichen Ordnung' festgehalten, Kaisern, Sultanen, Zaren, Päpsten und

Präsidenten zum Trotz" (Holzach 1984, S. 43). In Wirklichkeit stellt das zuerst 1980 erschienene und besonders als Taschenbuchausgabe sehr bekannt gewordene Buch ja nicht nur die altertümlichen Seiten der hutterischen Daseinsweise vor, sondern auch die von der Ordnung abweichenden Momente, z. B. im „Karneval des auserwählten Volkes" die Orgie der Schuljugend während des österlichen Abendmahlgottesdienstes. An anderer Stelle (S. 174–177) schildert Holzach das bedauerliche Schicksal einer Gruppe von Hutterern, die zusammen mit ihrem abgesetzten Prediger 1942 aus einer Kolonie ausgestoßen worden waren. Kein Wunder, daß 1982 das Buch von Holzach für Monate das Hauptgesprächsthema auf den Kolonien darstellte. Nach Mitteilung meines Gastgebers Michael Stahl beschäftigte sich sogar die Predigerkonferenz der Dariusleut damit und empfahl den Kolonien, künftig keine fremden Besucher, die über die Hutterer forschen oder schreiben wollten, bei sich aufzunehmen. Ich hatte für meine Aufsatzpublikationen jeweils den Konsens des Predigers eingeholt und im übrigen zunächst davon abgesehen, ein populäres Buch über die Hutterer zu schreiben. Zuviel Publizität schien mir im Interesse der Gruppe nicht angebracht, zumal Holzach schon genug Wünsche deutschsprachiger Kanadatouristen zum Besuch der Kolonien geweckt hatte. Nachdem aber inzwischen sogar etliche nordamerikanische Touristenbüros damit begonnen haben, über Internet für den Besuch auf hutterischen Höfen zu werben (http://www. net.gull-lake.sk.ca/town/neighbor/chc/chc/htm), kann man Bedenken dieser Art heute wohl eher zurückstellen.

Ich will in der Rückschau auch nicht verschweigen, daß mich bei aller Sympathie für die Hutterer und ihre Lebensweise manche Dinge unangenehm berührt haben und daß es hin und wieder auch konfliktbeladene Situationen gab. Häufiger Anlaß für Auseinandersetzungen mit den jungen Arbeitskollegen bei der gemeinsamen Arbeit draußen auf den Feldern war das Alkoholproblem. Sie vermuteten, daß ich im Besitz von Dollars sei, und verlangten bei allen möglichen Anlässen eine

Abb. 29: Die Frauen der Riverview Colony beim Seifenherstellen *(Saftnkochn)*. Seife wird aus Fett und Talg gewonnen, die bei verschiedenen Schlachtvorgängen abfallen, und mit Lauge eingekocht. Hier wird die eingedickte Masse ausgeschöpft, um sie anschließend in Formen gießen zu können. Die Blöcke werden am nächsten Tag gewogen und gleichmäßig auf die Familien verteilt. Die zu Pulver gemahlene Seife dient für die große Wäsche im Waschhaus. Seifenkochen ist Frauenarbeit.

Runde Bier, die ich ihnen aber regelmäßig schuldig bleiben mußte. Beim Seifekochen (Abb. 29) mißfiel mir, daß die dabei verwendete hochkonzentrierte Lauge am Ende in den Fluß abgelassen wurde und dort eine große Gewässerverschmutzung hervorrief. Auf meinen energischen Protest wurde die schädliche Flüssigkeit im nächsten Jahr aufgefangen und korrekt entsorgt. Der verschwenderische und ungeprüfte Umgang mit Düngemitteln, Insektiziden, Pestiziden und Wachstumshormonen war oft Anlaß für erregte Diskussionen.

1982 gab es im Saskatchewan Valley unter den Farmern große Unruhe wegen der geplanten Errichtung einer atomaren Wiederaufbereitungsanlage bei Langham, fast in Sichtweite der Riverview Colony. Die mennonitischen Farmer am anderen Flußufer gründeten eine Bürgerinitiative zur Verhinderung der Anlage und gewannen auch die Kolonie für die Mitarbeit. Daraufhin lud die Betreiberfirma die Zultbrüder von Riverview zu einem kostenlosen Informationsflug nach Ontario zur Besichtigung einer solchen Anlage ein. Nach der Rückkehr waren die (ohnehin der Technik nicht abholden) Autoritäten der Kolonie Feuer und Flamme für den Bau der Anlage (deren Bauplatz später sehr viel weiter nach dem Norden Saskatchewans verlegt wurde).

Mittlerweile haben sich auch amerikanische Forscher verstärkt mit dem Phänomen des hutterischen Überlebens in der modernen Welt beschäftigt. Die Ergebnisse dieser Forschungen sind den Hutterern bekannt geworden, und es ist ihnen jetzt zumindest teilweise bewußt, daß ihre traditionelle Lebensweise heute stärker gefährdet ist als noch in der letzten Generation. Aus diesen und anderen Gründen läßt sich jetzt über die aktuellen Probleme leichter sprechen als in den achtziger Jahren. Was sich für die Hutterer mehr und mehr als bedrohliches Phänomen herausstellt, ist die zunehmende Technisierung ihrer Betriebe. Die 1982 auf Riverview errichtete Schweinemastanlage verdiente eigentlich nicht mehr die Bezeichnung „Schweinestall", und der dafür verantwortliche „Schweinemensch" bedurfte vor der Inbetriebnahme einer Spezialausbildung in Agrarökonomie und Computertechnik, d. h., seine Kontakte zur Außenwelt waren auf Dauer notwendig und unvermeidbar. Nach seiner Rückkehr aus der Stadt aber verlangte die Ordnung der Kolonie von ihm, daß er den Rest des Tages ohne Zeitung, Radio und Fernsehen in der Einfachheit seiner schmucklosen Behausung zubrachte, auf Alkohol und Tabak verzichtete und sich auch sonst keinerlei Luxus gönnte, nachdem noch am Nachmittag Tausende von Dollar durch seine Hände gegangen waren. Was Wunder, daß er seine Bedürfnisse tagsüber beim Besuch von Geschäftskollegen und Freunden deckte. Immer mehr wurde mir klar, daß jeder, den seine geschäftlichen Kontakte regelmäßig in die Stadt führten, über solche Anlaufstellen verfügte. Das zwar immer noch vergleichsweise bescheidene Luxusbedürfnis macht vor den Kolonien mittlerweile nicht mehr halt. Auch auf Riverview schickte man sich an, im Souterrain der Häuser Toiletten und Bäder einzubauen, um den Gang zum außen gelegenen Toilettenhaus überflüssig zu machen. Dadurch gewannen die Familien auch Kellerräume für die zusätzliche Nutzung, in welche die Nachbarn nicht mehr so leicht Einblick nehmen können. So ist für die Ansammlung privater Gebrauchs- und Luxusgüter ein Raum geschaffen. Ich habe Hutterer kennengelernt, die eine beachtliche Kollektion von historischen Taschenuhren ihr eigen nennen, andere sammelten Münzen oder silberne Löffel aus aller Welt und taten sich schwer, mir zu erklären, wie sich dieser Besitz mit dem Gebot der Armut und Eigentumslosigkeit vertrug. Wie das private Geld in die Kolonie kam, war mir bald klar: Es gab keine Familie, die sich nicht mit irgendeiner Handarbeit oder Hausindustrie beschäftigte. Das Nähen von Daunenjacken und das Weben von Flickenteppichen stand während meiner Aufenthalte groß in Mode, und an Möglichkeiten für den Absatz dieser Produkte an Besucher der Kolonie war in der warmen Jahreszeit nie ein Mangel. Der früher verpönte Besitz an privatem Eigentum ist stark im Zunehmen begriffen. Ich habe die bei Hochzeiten üblichen opulenten Geschenke erwähnt und weiß, was sich in manchen Truhen an persönlichen Reichtümern angesammelt hat. Auf der anderen Seite gibt es immer noch Mitglieder, die nach den Geboten leben und daher gegenüber den Besitzenden unterprivilegiert sind. Eine ältere Frau auf Riverview litt unter starken Rückenproblemen und bedurfte dringend eines neuen Lattenrostes für ihr Bett. Die Kolonie war nicht bereit, ihr dies zu bezahlen, obwohl die Frau ihr Leiden durch jahrzehntelange aufopfernde Tätigkeit im Garten und in der Küche erworben hatte. Ich verhalf ihr dazu, daß sie eine ihrer beiden *hope chests* (Brauttruhen) an das Museum in Ottawa verkaufen konnte, und habe dadurch eine dankbare Freundin für das Leben gewonnen. Hier zu helfen, wäre aber zweifellos Sache der Kolonie gewesen.

Die zentrale Lebensfrage der Hutterer ist aber zweifellos das Aussteigerproblem. In den ersten Jahrzehnten in Kanada spielte es noch keine große Rolle: Zwischen 1918 und 1950 haben insgesamt 106 Männer und sieben Frauen ihren Kolonien den Rücken gekehrt (Hostetler 1974, S. 273). Bis zum Ende der siebziger Jahre beschränkte sich das Problem auch weiterhin im wesentlichen auf männliche Mitglieder im heiratsfähigen Alter, inzwischen hat es auch auf die jungen Hutterinnen übergegriffen. Schon während meiner Forschungsphase war jede der besuchten Kolonien zumindest von einem Fall betroffen, allerdings handelte es sich um ein temporäres Aussteigertum, und es waren Einzelfälle. Die Betreffenden berichteten mit unverkennbarem Stolz davon, daß sie vor der Gründung einer Familie für einige Monate oder sogar Jahre „in die Welt" gegangen waren, um eigenes Geld zu verdienen und sich draußen umzuschauen. An Arbeitsplätzen in der prosperierenden Erdölindustrie war in Kanada damals kein Mangel. In den Berichten der Aussteiger war viel von Neugier auf die Welt, von Reisen, Autos, Alkohol und übereinstimmend davon die Rede, daß die jungen Gemeinschafter anfangs mit Geld überhaupt nicht umgehen konnten und oft wenige Tage nach Monatsbeginn schon wieder mit leeren Händen dastanden. Frauen spielten in den Erinnerungen an diese „wilden Jahre" keine Rolle, denn eine außereheliche oder eheliche Verbindung mit einer „Englischen" hätte den Weg zurück in die Kolonie unmöglich werden lassen. Der Aussteiger aus der Riverview Colony war drei Jahre draußen „in der Welt", war aber als Bergarbeiter nicht weit herumgekommen und hatte nach drei Jahren beim Prediger um Wiederaufnahme und Bestrafung gebeten. Da er noch nicht getauft war, fiel die Strafe glimpflich aus: Er mußte an einem Sonntag während der Lehre eineinhalb Stunden lang inmitten der Gemeinde aufrecht stehen, was als schlimme Demütigung galt. Als Getaufter hätte er mit den Koloniemitgliedern zunächst im Unfrieden gelebt, d. h., er wäre mit einer wochenlangen Meidung (Isolation) bestraft worden und hätte bei seiner Wiederaufnahme während der Lehre knien müssen. Bei meinem letzten Aufenthalt war der ehemalige Aussteiger inzwischen längst getauft und verheiratet und hatte bereits einen Sohn Gary und eine Tochter Melissa.

Ich habe es selbst erlebt, daß ein männliches Mitglied während des Gottesdienstes stehen mußte, zur Strafe dafür, daß er an einem Sonntagmittag ein Pferd genommen hatte und über den Fluß ins nächste Dorf zu einer Discoveranstaltung geritten war. Ein mennonitischer Farmer hatte das gesattelte und schweißtriefende Pferd ohne Decke auf dem Parkplatz gesehen und die Kolonie benachrichtigt. Der *Weinzedel* brachte das Pferd mit dem Transporter zurück; der Ausreißer mußte den Heimweg zu Fuß antreten, und da die Fähre bereits ihren Dienst eingestellt hatte, mußte er in der Nacht den Fluß durchschwimmen. Der Delinquent galt als sicherer Kandidat für einen Aufenthalt „in der Welt", und seine Mutter meinte dazu lapidar: „Wer gehen will, soll gehen", und erklärte, daß die Kolonie den Wünschen des einzelnen nicht entgegenkommen könne. Wozu einer verordnet sei, dazu habe er zu stehen und entsprechend zu arbeiten, im anderen Falle müsse er gehen. Was hier eingefordert wird, ist die Konformität, die in der jüngeren Entwicklung an die Stelle der Gelassenheit getreten ist.

In den seit meiner eigenen Feldforschung vergangenen Jahren hat das Aussteigertum neue und für die Hutterer beunruhigende Dimensionen angenommen. Den „Davongelaufenen" geht es dabei auch nicht mehr einfach darum, ein Stück der Welt kennenzulernen, sondern es macht sich bei den jungen Leuten zunehmend Unzufriedenheit mit dem System selbst bemerkbar. Die Gründe für das Aussteigen liegen heute u. a. in Konflikten mit den Autoritätspersonen, in Problemen mit den Ausbildern, in den mangelnden Bildungschancen und der Unmöglichkeit, andere als die auf den Kolonien angebotenen Berufe zu ergreifen (Hildebrand 1993, S. 125). Es kommen aber auch religiöse Gründe hinzu, denn mehr und mehr widersetzen sich einzelne Hutterer und ganze Familien der Art und Weise, wie auf den Kolonien heute die christliche Lehre verkündigt wird. Sie werfen den Predigern vor, daß sie oft die Antwort auf grundsätzliche Glaubensfragen schuldig bleiben und sich in Predigttexte oder religiöses Formelgut flüchten. Sie sagten, die Hutterer dünkten sich als unfehlbare Christen allein dadurch, daß sie hutterische Kleider tragen und in den Gottesdiensten den Predigten der Vorväter lauschen. Das Geistesgut der konservativen protestantischen Erneuerungsbewegung, die seit den siebziger Jahren in Nordamerika entstanden ist, dringt zunehmend auch in die hutterischen Kolonien ein und führt dazu, daß die Zweifelnden die Lösung ihrer Glaubensprobleme außerhalb suchen. Die Zahl der Aussteiger aus religiösen Gründen wird bis 1982 auf 300 Mitglieder geschätzt, bis 1991 hat sie sich verdoppelt (Hartse 1994, S. 69f.). Nimmt man neue demographische Daten über den mittlerweile eingetretenen Rückgang des Bevölkerungswachstums bei den Hutterern hinzu (Peter 1987, S. 152–170), so kann es scheinen, als ob die zeitweise geradezu stürmische Ausbreitungsgeschwindigkeit hutterischer Kolonien auf dem nordamerikanischen Kontinent in der Gegenwart in ruhigeres Fahrwasser eingeschwenkt sei. Es wäre zweifellos gut, wenn die Kolonien selbst diese Stagnation der Entwicklung als Zeichen zum Umdenken und der Einleitung sanfter Reformen betrachten würden, um ihren Nachkommen auch im 21. Jahrhundert die Vorteile einer harmonischen Sozialordnung und günstige Entwicklungsmöglichkeiten für ihr einzigartiges Bruderhofsystem zu garantieren. Die wissenschaftliche Beschäftigung mit den Hutterern lehrt uns, daß es diese Bevölkerungsgruppe verstanden hat, auf religiöser Grundlage ein Modell für das Zusammenleben einer kleinen Gruppe von Menschen über Jahrhunderte hinweg erfolgreich zu praktizieren, ein Modell, dem ich aus der persönlichen Erfahrung heraus trotz seiner Nachteile nur mit größter Hochachtung begegnen kann.

Literaturverzeichnis

In die vorliegende Darstellung haben die folgenden Vorarbeiten des Autors Eingang gefunden:

Brednich, Rolf Wilhelm: Projekt Saskatchewan. Neue Aufgaben und Methoden volkskundlicher Empirie. In: Zeitschrift für Volkskunde 73 (1977) S. 24–41.

– : Mennonite Folklore and Folklife. Ottawa 1977 (National Museum of Man Mercury Series. Paper, 22).

– : Die biographische Methode in der volkskundlichen Feldforschung. Das Beispiel des hutterischen Predigers Michael S. Stahl. In: Annalen 2. Tradition, Integration, Rezeption. Zweites Montrealer Symposium Deutschkanadische Studien. Montréal 1978, S. 31–46.

– : Zur Anwendung der biographischen Methode in der volkskundlichen Feldforschung. In: Jahrbuch für ostdeutsche Volkskunde 22 (1979) S. 279–329.

– : Beharrung und Wandel im Liedgut der hutterischen Brüder. Ein Beitrag zur empirischen Hymnologie. In: Jahrbuch für Volksliedforschung 26 (1981) S. 44–60.

– Die Funktionen von religiösen Erzählliedern bei den hutterischen Wiedertäufern in Kanada. In: 11. Arbeitstagung über Probleme der europäischen Volksballade Jannina 1980. Jannina 1981, S. 105–121.

– : Die Hutterer – ein Stück alpenländischer Kultur in der Neuen Welt. In: Österreichische Zeitschrift für Volkskunde 84 (1981) S. 141–153.

– : Hutterische Volkserzählungen. In: German-Canadian Yearbook 6 (Toronto 1981) S. 199–224.

– : „nit anderst gesinnet dann recht zethon ...“ Die Hutterer und ihre Beziehungen zum südwestdeutschen Täufertum. In: Allmende. Eine alemannische Zeitschrift 3 (1981) S. 25–38.

– : Osteuropäisches Erbe in der Volkskultur der Hutterer in Nordamerika. In: Jahrbuch für ostdeutsche Volkskunde 24 (1981) S. 194–219 (zus. mit Jürgen Dittmar).

– : The Bible and the Plough. The Lives of a Hutterite Minister and a Mennonite Farmer. Ottawa 1981 (National Museum of Man Mercury Series, Paper, 37).
– : Erziehung durch Gesang. Zur Funktion von Zeitungsliedern bei den Hutterern. In: Jahrbuch für Volksliedforschung 27/28 (1982) S. 109–133.
– Zum Stellenwert erzählter Lebensgeschichten in komplexen volkskundlichen Feldprojekten. In: Lebenslauf und Lebenszusammenhang. Autobiographische Materialien in der volkskundlichen Forschung. Hg. von R. W. Brednich u. a. Freiburg 1982, S. 46–70.
– : Hutterische Liedtraditionen des 17. Jahrhunderts. In: Literatur und Volk im 17. Jahrhundert. Probleme populärer Kultur in Deutschland. Hg. von W. Brückner u. a. Wiesbaden 1985, S. 3–11.
– : Die Spinne in der Yucca-Palme. Sagenhafte Geschichten von heute. München 1990.
– : Die Täufer und die Bilder. Im Anschluß an Felderfahrungen bei den Hutterern in Kanada. In: Traum vom Denken. In memoriam Ernö Kunt. – Hg. von Zsuzsa Zsarvas. Miskolc 1996, S. 47–79.
Aarne, Antti/Thompson, Stith: The Types of the Folktale. A Classification and Bibliography. Helsinki 1961 (FF Communications, 184).
Anderson, Walter: Kaiser und Abt. Die Geschichte eines Schwanks. Helsinki 1923 (FF Communications, 42).
Arnold, Emmy: Gegen den Strom. Das Werden der Bruderhöfe. Moers 1983.
Bauer, Ingolf/Zimmermann, Christa (Red.): Die Hutterischen Täufer. Geschichtlicher Hintergrund und handwerkliche Leistung. Hg. vom Bayerischen Nationalmuseum München. Bolanden 1985.
Beck, Josef: Die Geschichts-Bücher der Wiedertäufer in Österreich-Ungarn. Wien 1883. Reprint 1967 (Fontes rerum Austriacarum, 2. Abtlg. Diplomataria et Acta, 43).
Bossert, Gustav: Quellen zur Geschichte der Wiedertäufer, Bd. 1: Herzogtum Württemberg. Leipzig 1930.
Buchinger, Erich: Die „Landler" in Siebenbürgen. Vorgeschichte, Durchführung und Ergebnis einer Zwangsumsiedlung im 18. Jahrhundert. München 1980 (Buchreihe der Südostdeutschen Historischen Kommission, 31).
Chr. I = Wolkan, Rudolf (Hg.): Geschicht-Buch der Hutterischen Brüder. Macleod, Canada / Wien 1923, Nachdruck Cayley, Canada 1962 (diplomatische Edition von A. J. F. Zieglschmid, Philadelphia 1943.

[Die Hutterer ziehen die Edition von Wolkan der von Zieglschmid vor (s. Hostetler 1974, S. 307), weshalb auch ich diese Ausgabe benutze.]
Chr. II = Zieglschmid, A. J. F (Hg.): Das Klein-Geschichtsbuch der Hutterischen Brüder. Philadelphia 1947.
Clasen, Claus-Peter: Die Wiedertäufer im Herzogtum Württemberg und in benachbarten Herrschaften. Stuttgart 1965 (Veröffentlichungen der Kommission für geschichtliche Landeskunde in Baden-Württemberg, Reihe B, 32).
Dülmen, Richard van (Hg.): Das Täuferreich zu Münster 1534/1535. Berichte und Dokumente. München 1974.
Eggers, Ulrich: Gemeinschaft – lebenslänglich. Deutsche Hutterer in den USA. Witten 1985.
Fast, Heinold (Hg.): Der linke Flügel der Reformation. Bremen 1962.
Fischer, Christoph Andreas: Vier vnd funfftzig Erhebliche Ursachen Warumb die Widertauffer nicht sein im Land zu leyden. Ingolstadt 1607. [Ben. Expl. HAB Wolfenbüttel 189.22 Th(2).]
Flint, David: The Hutterites. A Study in Prejudice. Toronto 1975.
Gerlach, Horst: Hutterer und Bruderhöfer. Wechselbeziehungen zwischen der Pfalz und anderen Gebieten von der Reformation bis zur Gegenwart. In: Bauer/Zimmermann 1985, S. 45–53.
Girtler, Roland (Hg.): Die Letzten der Verbannten. Der Untergang der altösterreichischen Landler in Siebenbürgen/Rumänien. Wien u. a. 1997.
Goertz, Hans-Jürgen (Hg.): Radikale Reformatoren. 21 biographische Skizzen von Thomas Müntzer bis Paracelsus. München 1978.
– : Jürgen: Die Täufer. Geschichte und Deutung. München 1980.
Grimmelshausen, Johann Jakob Christoph von: Der abenteuerliche Simplicissimus. Hg. von Alfred Kelletat. Darmstadt 1956.
Gr.Ldb. = Die Lieder der Hutterischen Brüder. Scottdale, Pa. 1914; Neudruck Cayley, Alberta 1962.
Gross, Leonard: The Golden Years of the Hutterites. The Witness and Thought of the Communal Moravian Anabaptists During the Walpot Era, 1565–1578. Scottdale, Pa. 1980 (Studies in Anabaptist and Mennonite History, 23).
Gross, Paul S.: The Hutterite Way. The Inside Story of the Life, Customs, Religion and Traditions of the Hutterites. Saskatoon 1965.
– : Die Hutterer heute. In: Bauer/Zimmermann 1985, S. 65–73.
Hartse, Caroline M.: The Emotional Acculturation of Hutterite Defectors. In: Journal of Anthropological Research 50 (1994) S. 69–85.
Hildebrand, Bodo: Erziehung zur Gemeinschaft. Geschichte und Gegenwart des Erziehungswesens der Hutterer. Pfaffenweiler 1993 (Forum Sozialgeschichte, 5).

Hofer, Arnold M. / Walter, Kenneth J.: History of the Hutterite Mennonites. 2. Aufl. Freeman, S. Dak. 1975.

Holzach, Michael: Das vergessene Volk. Ein Jahr bei den deutschen Hutterern in Kanada. Hamburg 1980. Taschenbuchausgabe München 1984.

Horsch, John: The Hutterian Brethren 1528–1931. A Story of Martyrdom and Loyalty. Washington, D. C. 1931.

Hostetler, John A.: Hutterite Society. Baltimore, Md. 1974.

– : Amish Society. Baltimore/London 1980.

Hrubý, František: Die Wiedertäufer in Mähren. Leipzig 1935.

Hubmaier, Balthasar: Schriften. Hg. von Gunnar Westin und Torsten Bergsten. Gütersloh 1962.

Kirchhoff, Karl Heinz: Die Täufer zu Münster 1534/35. Untersuchungen zum Umfang und zur Sozialstruktur der Bewegung. Münster 1973 (Geschichtliche Arbeiten zur westfälischen Landesforschung, 12).

Kl.Ldb. = Gesangbüchlein. Lieder für Schulen und häuslichen Gebrauch. Hg. von den Hutterischen Brüdern in Kanada. Scottdale, Pa. 1919; 8. Aufl. Cayley, Alberta 1974.

Krebs, Manfred (Hg.): Quellen zur Geschichte der Täufer, Bd. 4: Baden und Pfalz. Gütersloh 1951.

Liefmann, Robert: Die kommunistischen Gemeinden in Nordamerika. Jena 1922.

Liesenberg, Ursula: Studien zum Märtyrerlied der Täufer im 16. Jahrhundert. Frankfurt a.M. 1991 (Europäische Hochschulschriften, I, 1233).

Müller, Lydia: Der Kommunismus der mährischen Wiedertäufer. Leipzig 1927 (Schriften des Vereins für Reformationsgeschichte, 142).

Packull, Werner O.: Hutterite Beginnings. Communitarian Experiments during the Reformation. Baltimore/London 1995.

Peter, Karl A.: The Dynamics of Hutterite Society. An Analytical Approach. Edmonton, Alberta 1987.

Peters, Victor: Die hutterischen Brüder 1528–1992. Die Geschichte und soziale Entwicklung einer erfolgreichen Gütergemeinschaft. Marburg 1992 (Schriftenreihe der Kommission für ostdeutsche Volkskunde, 58).

Pitzer, Donald E./Elliott, Josephine M.: New Harmony's First Utopians 1814–1824. New Harmony 1979.

Plümper, Hans-Dieter: Die Gütergemeinschaft bei den Täufern des 16. Jahrhunderts. Göppingen 1972 (Göppinger akademische Beiträge, 62).

Rein, Kurt: Religiöse Minderheiten als Sprachgemeinschaftsmodelle. Deutsche Sprachinseln täuferischen Ursprungs in den Vereinigten

Staaten von Amerika. Wiesbaden 1977 (Zeitschrift für Dialektologie, Beihefte N. F. 15 der Zeitschrift für Mundartforschung).

Rein-Hedrich, Christiane/Rein, Kurt: Name und Herkunft der „Habaner" und ihrer Keramik. In: Südostdeutsches Archiv 15/16 (1972/73) S. 36–65.

Scheer, Herfried: Die deutsche Mundart der Hutterischen Brüder in Nordamerika. Wien 1987 (Beiträge zur Sprachinselforschung, 5).

Shambaugh, Bertha M. H.: Amana. The Community of True Inspiration. Iowa City 1908. Reprint 1988.

Stayer, James M.: Neue Modelle eines gemeinsamen Lebens. Gütergemeinschaft im Täufertum. In: Goertz, Hans-Jürgen (Hg.): Alles gehört allen. Das Experiment Gütergemeinschaft vom 16. Jahrhundert bis heute. München 1984, S. 21–49.

Szöverffy, Joseph: Die Hutterischen Brüder und die Vergangenheit. In: Zeitschrift für deutsche Philologie 82 (1963) S. 338–362.

Walter, Friedrich: Sekten-Niederlassungen in Mannheim unter Karl Ludwig. In: Mannheimer Geschichtsblätter 2 (1901) S. 56–61.

Wiswedel, Wilhelm: Das Schulwesen der Hutterischen Brüder. In: Archiv für Reformationsgeschichte 38 (1940) S. 38–60.

Wolkan, Rudolf: Die Hutterer. Österreichische Wiedertäufer und Kommunisten in Amerika. Wien 1918. Reprint Nieuwkoop 1965.

Zieglschmid, A. J. F.: Die ungarischen Wiedertäufer bei Grimmelshausen. In: Zeitschrift für Kirchengeschichte 3. Folge 59 : 2 (1940) S. 352–387.

Filme

The Hutterites. 28 Min. Autor: Colin Low. Office national du film du Canada 1964.

The Hutterites: To Care and Not to Care. 58 Min. MediaArt, Sunnyvale, California 1997.

Kultur – Geschichte – Religionen

Norman Cohn
Die Sehnsucht nach dem Millennium
Apokalyptiker, Chiliasten und Propheten im Mittelalter
Band 4638

Endzeitfieber gibt es nicht nur heute, angesichts der Jahrtausendwende. Eine Fundgrube für alle am Mittelalter Interessierte.

Hans Gasper/Friederike Valentin (Hrsg.)
Endzeitfieber
Apokalyptiker, Untergangspropheten, Endzeitsekten
Band 4522

Die Jahrtausendwende naht – okkulte Voraussagen und Angstbeschwörer haben Hochkonjunktur.

Hans Maier
Die christliche Zeitrechnung
Band 4018

„Eine kompakte Darstellung, die eine Wissenslücke füllt" (Wiener Zeitung).

Hans Gasper/Joachim Müller/Friederike Valentin
Lexikon der Sekten, Sondergruppen und Weltanschauungen
Fakten, Hintergründe, Klärungen
Vollständig neubearbeitete und aktualisierte Neuausgabe
Band 4271

Mit mehr als 300 Artikeln: das Informationswerk über die religiöse und weltanschauliche „Szene" des gesamten deutschsprachigen Raums.

Lexikon der Religionen
Phänomene – Geschichte – Ideen
Herausgegeben von Hans Waldenfels
Begründet von Franz König
Band 4090

„In Fachkompetenz, Klarheit und Aktualität einzigartig" (Süddeutscher Rundfunk).

HERDER / SPEKTRUM